JN203704

（上）「アントニ・ガウディの作品群」の中で、建築が続くサグラダ・ファミリア贖罪聖堂（iStock©ValeryEgorov）／（下）バクテリアによって色を変える熱水泉グランド・プリズマティック・スプリングは「イエローストーン国立公園」にある。その大きさは約90×80メートル

（上）森に飲み込まれる「アンコールの遺跡群」のタ・プローム遺跡。建築物が自然に飲み込まれていて幻想的な光景に／（下）外壁にモザイク画が施されている建物は、「モルドヴァ地方の教会群」のヴォロネツ修道院。鮮やかな色合いが遠くからも目を引く（©小泉澄夫）

（上）「カカドゥ国立公園」にあるX線画法で描かれた壁画。まるでレントゲンで撮影されたかのようなナモンジョク（上部中央）とナマルゴン（上部右）／（下）「パリのセーヌ河岸」にあるノートル・ダム大聖堂。2019年4月の火災で尖塔や屋根が焼失したため、同じ景色を見ることはできない(iStock©prescott09)

（上）ブラジルの首都「ブラジリア」にある、キリストの茨の冠をイメージしたブラジリア大聖堂（iStock©R.M. Nunes）／（下）「アルコバサの修道院」にあるイネス・デ・カストロの棺。棺を担いでいるのは彼女を暗殺した3人の貴族だという。同じ修道院内には、ペドロ1世も眠る

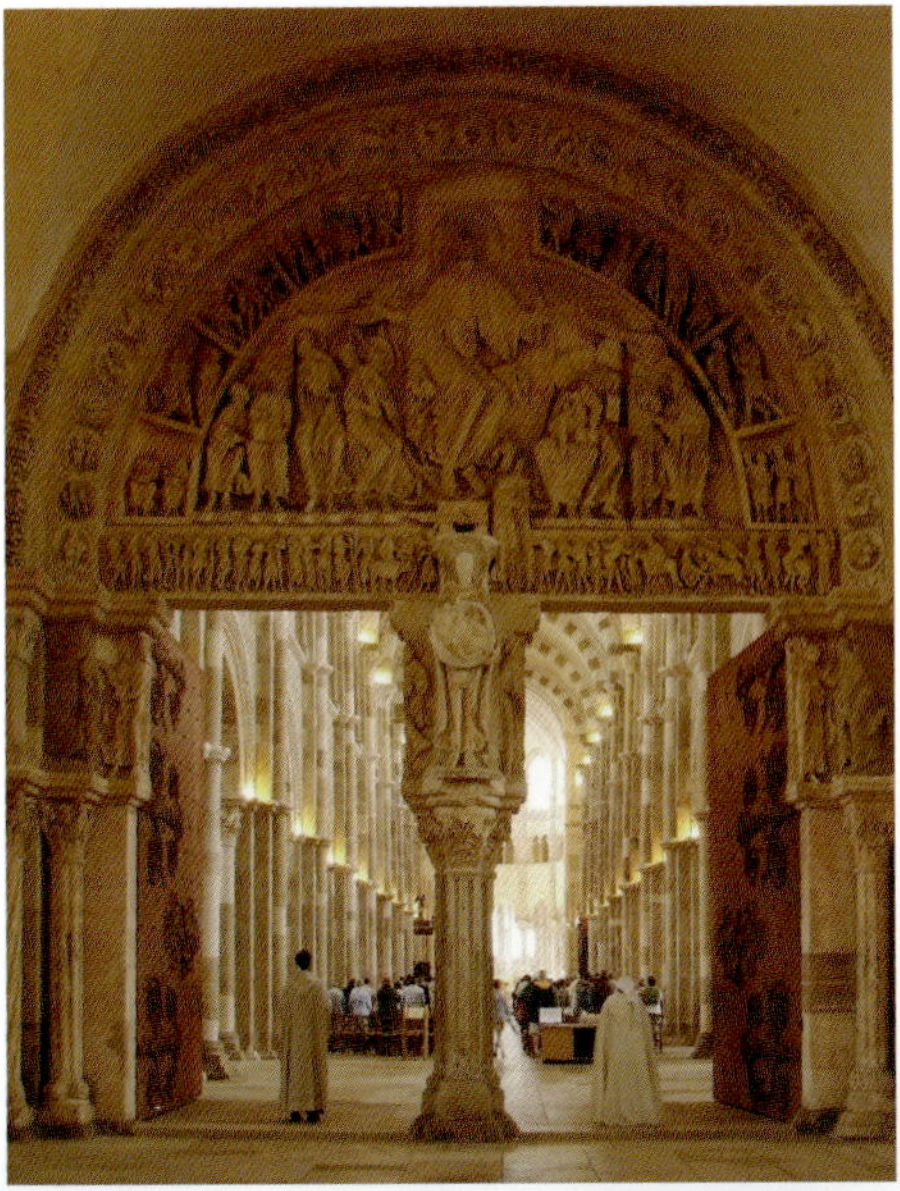

(上)「ヴェズレーの教会と丘」にある聖堂入り口のタンパン(扉上部)に彫られた「最後の審判」のレリーフ／(下)映画の撮影によく使われる「トンガリロ国立公園」の幻想的な風景

(上)「チチェン・イツァの古代都市」のエル・カスティーリョと呼ばれるピラミッド。春分と秋分の日には、羽をもつ蛇の神・ククルカンの姿が階段に影で浮かび上がる(BornaMir iStock GettyImages)/(下)「アル・ヒジルの考古遺跡」最大の墓、カスル・アル・ファリード(benedek iStockUnreleased GettyImages)

（上）おとぎ話の世界に迷い込んだようなアルベロベッロの街並み。個性的で可愛らしい建物が並ぶ／（下）枯死したアカシアが立ち並ぶ「ナミブ砂漠」のデッドフレイ。デッドフレイは、死の沼を意味する

2001年3月12日にイスラム過激組織タリバンによって破壊された「バーミヤン渓谷の文化的景観と古代遺跡群」の西大仏。上の画像は破壊前の2000年夏に撮影された貴重な1枚で、左下にはタリバンの旗が立てられているのも見てとれる（撮影・提供:菅沼隆二）

世界遺産のひみつ

宮澤 光

イースト新書Q

Q060

はじめに

フランスにヴィエンヌという、ローマの植民都市だった小さな街があります。毎年、夏にジャズ・フェスティバルが開催されていて、その会場となっているのは保存状態のよい古代ローマ劇場でした。僕が留学していた街からそれほど遠くなかったこともあり、友人達と一台の車にぎゅうぎゅう詰めに乗って、何度かコンサートを聴きにいきました。コンサートは夕方から始まります。夏のフランスの乾燥した空をジャズが埋め始めるのと同じくして、少しずつ空の青は色味を増し、太陽が西に傾いていきます。そしてコンサートが盛り上がりを見せる頃に、太陽は必ず古代ローマ劇場の舞台の奥にある山に沈んでいくのです。それを見ながら、古代ローマ時代の人々も同じようにここに座ってローマ劇場の奥の山に沈む夕日を見ていたのだろうと、なんだか震えるような不思議な感覚に陥りました。

皆さんは世界遺産と聞くと、どのようなイメージをもちますか。「ギリシャのパルテノン神殿やエジプトのギザにあるピラミッドみたいに、大昔に作られたすごいものでしょ？」と思われるかもしれません。「金閣寺とか？　子どもの頃に学校で習ったよ。昔のお寺だよね」って。今の自分達から遠く離れた昔に作られた文化財が、世界遺産に登録されていると思う方が多いのではないでしょうか。確かに、長い歴史の中で守り受け継がれてきた文化財や貴重な自然環境が世界遺産に登録されています。しかし、そうした世界遺産をよく見ていくと、今の僕達にもしっかりとつながっているのです。

世界遺産を登録して守っていく意義の1つはそこにあります。これまでの人類の歴史の中で作られてきたものを確実に次の世代へと受け継いでゆくこと。その時その時の都合で勝手に壊してしまったり、朽ちさせてしまったりするわけにはいかないのです。世界遺産条約の理念が誕生したのは、エジプトのアスワン・ハイ・ダムの建設計画によってアブ・シンベル神殿などの貴重なエジプト文明の遺産がダム湖に沈んでしまう危機を、世界中の人々が協力して守ったことがきっかけでした。

一方で、世界遺産を守り受け継ぐ時、不動産である文化財や自然を劣化させずに残すことだけが大切なのではありません。次に続く世代の人々が世界遺産から歴史や文化、そこに暮らしてきた人々の思いを知り、学ぶことが出来るように残すことが大切なのです。世界遺産から、世界の多様性を学び、それを個々人が尊重できるようになる。それが世界遺産のもう1つの重要な意義です。世界は僕達が考えている以上に多様で複雑です。何気なく「日本人」や「アメリカ合衆国」、「イスラム教徒」などと口にしていますが、その中には様々な人々がいて、様々な文化や歴史、価値観があります。「日本人」や「イスラム教徒」と言う時に、その中にある複雑さをいつも考えるというのは無理な話です。しかし、頭の片隅でそれをちょっと意識しておく、ということが重要なのだと思います。世界遺産はそうした世界の多様性のシンボルです。世界遺産を通して、様々な文化や歴史、民族や宗教、価値観、自然の豊かさの一部に触れることができるのです。

本書では、世界遺産に詳しい方から、世界遺産は有名なところしか知らないという方にまで楽しんでもらえるように、有名な遺産から知られざる遺産まで幅広く取り上げるようにしています。有名な遺産にも、あまり知られていないエピソードを入れるようにしたので、どなたにも「へー!」と思って頂けるところがあると思います。「崖っぷち世界遺産のひみつ」の章では、世界遺産が直面している危機が今の世界が抱えている問題とつながっていることに、また「『世界遺産』というひみつ」の章では、世界遺産は知られているようで必ずしもそうではないことに、「なるほど!」と興味を持ってもらえるよう心がけました。

文字数に限りがあるために伝えきれずもどかしい思いもしたし、僕の興味からヨーロッパの世界遺産中心になってしまいましたが、本書を通して、世界遺産の奥にある世界の多様性に関心をもってもらえると嬉しいです。

世界遺産のひみつ●目次

第1章　有名世界遺産のひみつ

第2章　知られざる世界遺産のひみつ

第3章　崖っぷち世界遺産のひみつ

第4章 「世界遺産」というひみつ

第5章 映《ば》える世界遺産のひみつ

世界遺産の登録基準

世界遺産には、世界遺産としての価値を証明するための10項目の登録基準があります。これは、それぞれの世界遺産がもつ「顕著な普遍的価値」を、10項目の視点から評価するものです。

「顕著な普遍的価値」というのは、どの時代のどんな文化的背景をもつ人が見ても同じように素晴らしいと感じる価値です。しかし、それを証明するのはとても難しいと思いませんか？　親しい友人や家族でも価値観は様々なのですから。

そこで登録基準が登場します。この基準のどれか1つ以上が当てはまれば、その点において顕著な普遍的価値があると考えられるのです。登録基準①〜⑥が文化遺産、⑦〜⑩が自然遺産、その両方にまたがるのが複合遺産です。

登録基準の要約	
①	人類の創造的資質を示す遺産
②	文化交流を証明する遺産
③	文明や時代の証拠を示す遺産
④	建築技術や科学技術の発展を証明する遺産
⑤	独自の伝統的集落や、人類と環境の交流を示す遺産
⑥	人類の歴史上の出来事や伝統、宗教、芸術と関係する遺産
⑦	自然美や景観美、独特な自然現象を示す遺産
⑧	地球の歴史の主要段階を証明する遺産
⑨	動植物の進化や発展の過程、独自の生態系を示す遺産
⑩	絶滅危惧種の生息域で、生物多様性を示す遺産

第1章
有名世界遺産のひみつ

パリのセーヌ河岸

エッフェル塔が「いまいましい鉄の塊」？

僕のフランスでの留学生活は、ホテルの古ぼけた両開きの窓を開け、乗り出して見たパリの街並みから始まりました。ホテルに面した、何てことのない裏路地の両脇に立つ建物で切り取られた細く長い早朝の青空は、まるで1本の川の流れのようでした。この日から僕は、大学のある地方の街に住んだ後もたびたびパリを訪れて歩き回りました。

パリの街を歩いていると、まっすぐに延びる大通り（ブールヴァール）や、高さや屋根の色、窓の大きさなどが統一された建物などに街の特徴があることに気付きます。カフェはその飾りのようなものです。パリは2000年を超える歴史をもつ都市ですが、僕達が今、目にするような街並みになったのは、19世紀半ばのパリ大改造の時のことでした。

ナポレオン1世失脚後の、19世紀初頭のフランスは混乱していました。王政復古していたブルボン家が1830年に七月革命によって倒され立憲君主制（七月王政）となるものの、それも1848年の二月革命で倒され第2共和制となります。その第2共和制で力を得たルイ・ナポレオンがクーデターを起こして独裁権を握ると、国民投票で皇帝に即位しナポレオン3世と称しました。それぞれの革命で蜂起した人々が利用したのが、パリの狭く暗く入り組んだ路地でした。その路地にバリケードを築くと政府軍でも簡単には制圧することができなかったのです。そうした社会情勢に加え、イギリスでの産業革命の影響がフランスにも及び始めます。パリも人口が増加して、労働者階級の住環境は不衛生かつ無秩序な上に不安定で、かなり酷いものになっていました。

ナポレオン3世の命を受けたセーヌ県知事のジョルジュ・オスマンは、古い建物を壊し道を拡張して、約２００kmに及ぶ新街路を建設し、約６００kmに及ぶ下水道を整備し、庁舎や教会、街灯、歩道などを整備しました。約3万件あった家屋は2万件以上が取り壊され、近代的で清潔なパリが誕生しました。

この大改造をわずか20年ほどで成し遂げたことに驚かされます。世界遺産でもその都市計画が評価されています。しかし、こうした大改造が可能だったということは、オスマンの手法が強い意志をもち強権的であったことを意味します。都市の下層階級や労働者階級の人々の生活は顧みられることなく、住居を追われた彼らは郊外や屋根裏へと移らざるを得なくなり、ブルジョアや労働者階級、下層階級などの間に新たな格差や差別が生まれました。個々の地主がそれぞれ勝手に管理していた都市の内部を、公共空間として行政が制御するという都市計画は、近代的な都市計画の見本として画期的でしたが、その裏側には問題もあったわけです。

もうひとつパリのシンボルとなっているのが、エッフェル塔。パリの大改造から20年近く経った、1889年のパリ万博に向けて建設されました。こうした空に向かってそびえ立つ建造物に人々は憧れる反面、「景観」を文化の一部と意識するようになってからは反対運動も起こるようになりました。今はパリを代表する建造物のひとつであるエッフェル塔も、建築計画が発表されたときは、市民だけでなく多くの芸術家や文化人からも大反対が起きました。空を切り裂くように鉄の塊が高くそびえる姿は、パリの街並みを愛してきた彼らにとって、あまりに奇抜だったのです。それも、高さがエジプト最大のクフ王のピラミッドの約2・5倍もあるのですから。反対派の文学者ギ・ドゥ・モーパッサンは、「パリの中で唯一、いまいましいエッフェル塔を見なくてすむ場所だから」と、エッフェル塔の下のカフェによく通ったといいます。そこからは、真上を見上げない限りエッフェル塔の姿が見えないからです。しかし万国博覧会が開催されると、200万人もの人々が押し寄せ、大変な人気を博しました。そして今では、エッフェル塔の景観を守るために、エッフェル塔の周囲には高い建物を建てることが法律で禁止されるまでになっています。

パリを歩いたり写真を見るとわかるのが、歴史的な建造物を邪魔する建物がないということです。エッフェル塔はエッフェル塔だけでスッと立っているし、ノートル・ダム大聖堂もルーヴル美術館も、アンヴァリッドも、視覚的に邪魔するものがないので実に美しく見えます。こうした景観は、景観保護規制で厳しく守られてきたものです。それに加え、エッフェル塔では、むき出しの鉄の建造物が少しでも風景と馴染むように、色が3色に塗り分けられています。かつては5色に塗り分けられている時代もありました。下のほうの濃いブラウンから、少しずつ薄いブラウンへと変化しているのです。世界中の人々が憧れるパリの街並みはこうした努力と工夫の上にあるのです。

パリのセーヌ河岸

フランス共和国

［登録基準］①②④

セーヌ川を中心に、両岸のエッフェル塔やルーヴル美術館、オルセー美術館の他、シテ島のノートル・ダム大聖堂などを含む街並みが世界遺産になっている。

シドニーのオペラハウス

無名かつ落選からの大逆転劇！

友人と飲んでいる時に、もう1度高校生に戻ったら大学で何を学びたいか？　という話になり、僕がすぐに頭に思い浮かべたのは建築でした。建築学科に進んで建築デザイナーになりたい。ほろ酔いの頭には心地の良い夢想でした。実際、何もないところから街のイメージを左右するような建築を生み出す建築家には憧れと尊敬の念を抱いているのです。世界遺産には、人類の歴史を代表するような建築がいくつも登録されています。その中から好きな建築を挙げだすときりがないのですが、シドニーのオペラハウスもその1つです。

世界遺産になる建造物の多くは、「時代の検証」とも呼べるような、時代ごとの価値観の変化を耐え抜いて残されてきたものが登録されています。しかし、シドニーのオペラハウスは、完成からわずか34年で世界遺産登録されました。オペラハウスに対する専門家の評価は、20世紀だけでなく人類の歴史上すべてにおける人間の創造性を代表する傑作だ！というものでした。大絶賛ですね。そんなオペラハウスのデザインは無名の建築家によるたった12枚のデッサンから始まりました。

オーストラリアは第二次世界大戦後、「よりよい文明化した社会を目指す」ため国家的なインフラ整備のプロジェクトを立ち上げます。そこでもち上がったのが、オペラハウスの建築計画でした。シドニー交響楽団の指揮者としてやってきたユージーン・グーセンスは、シドニーに小さなタウンホールしかないことに衝撃を受け、すぐに専門の音楽ホールを作るために動き出します。一方で、シドニーのあるニューサウスウェールズ州首相のジョセフ・

ケーヒルは、首相になる前から、階級や環境に関係なく人々は良い音楽を楽しむ権利がある！　というグーセンスの信念に共感しており、州首相になるとすぐオペラハウスの建設を約束しました。１９５６年、いよいよ建築デザインの国際コンペティションが発表されます。

当時、38歳のヨーン・ウッツォンは、ほとんど無名のデンマーク人建築家でした。スウェーデンのデザインの影響を大きく受けている彼は、デザインに自然の要素を取り入れるデザイナーのアルヴァ・アアルトと短い間一緒に働いたこともあり、直線的で直角な近代建築のイメージをがらりと変えたオペラハウスのデザインにもその影響が感じられます。ウッツォンは、悩みに悩みぬいてコンペティションの応募が締め切られる年末ぎりぎりに12枚のデッサンを送りました。翌年1月に受理された彼のエントリー・ナンバーは218番。28カ国から223の応募があった中の、後ろから数えて6番目でした。

4人の審査員による審議内容は明らかではありませんが、広く語られている話があります。審査員のひとり、フィンランド人建築家エーロ・サーリネンは諸事情により審議に10日遅れて参加しました。彼は選考に残っている応募者の作品を見て、あまりに凡庸な作品ばかりでがっかりしてしまいます。そこで目に留まったのが落選作の中にあった、複雑な曲線の組み合わせからなるウッツォンのデッサンでした。4人の審査員の中で最も優秀であり、世界的に有名なデザイナーのイームズとも仕事をするなど、モダニズム・デザインにも精通したサーリネンの鶴の一声でウッツォンに決定しました。最初の10日間頑張って審議していた3人が拗ねてしまわなかったのか気になりますが、別の審査員が「僕は最初からウッツォンのデザインに光るものを感じていたんだよ」と語っていたとの話もあり、本当のところはどうなのでしょうね。

1959年、建築が始まりますが、そこからは困難の連続でした。ウッツォンのデザインは建築のコンセプトを前面に出したものでしたが、どのように建築するとよいのかはよく考えられていなかったのです。3つのコンクリート・シェルをつなぎ合わせた屋根のデザインは、シェルの重みや海風の圧力に耐えられないなどの問題が起こり工事は難航します。建設費用も大きくオーバーしたことから、建設を管理するオーストラリア政府とウッツォンとの意見が対立するようになり、とうとうウッツォンはオペラハウスの建築から手を引いてしまいました。

ウッツォンが去った後も建築は続けられ、建築開始から14年を経た1973年、当初の予定よりも10年も遅れて完成しました。予定よりも14倍近くふくれ上がった建設費用の多くは、州の宝くじでまかなわれました。ウッツォンは帰国後、二度とオーストラリアに足を踏み入れることなく、世界遺産登録の翌年この世を去りました。90歳でした。

シドニーのオペラハウス

オーストラリア連邦

[登録基準]①

世界で3件しかない「人類の傑作」の登録基準①のみで登録された珍しい世界遺産。また、建築家が存命中の登録も「ブラジリア」と共に2件しかない。

フィレンツェの歴史地区

「泥の天使達」が取り戻した芸術都市

好きなイタリア人作家や作曲家、映画監督、画家が何人かいて、大学院時代にお世話になった恩師がイタリア研究者だったこともあって、イタリアが結構好きです。フランス留学中はローマ出身の友人の実家に泊めてもらい、何度かイタリアを訪れました。その時に行きそびれたフィレンツェをはじめて訪れ、ジョットの鐘楼に登って赤褐色の瓦屋根の街並みを見たときは、長旅を忘れる程の感慨がありました。

フィレンツェは、ルネサンスの中心都市として輝きを放ちました。そのシンボルともいえるサンタ・マリア・デル・フィオーレ大聖堂は、ルネサンス建築が始まった聖堂と言われています。「ルネサンス」とは、フランス語の「ル（再び）」と「ネサンス（生まれる）」からなる言葉で、「再生」を意味します。なぜフランス語なのかというと、フランスの歴史家ジュール・ミシュレがあの時代を「ルネサンス」と名づけたからです。イタリア語では「リナッシメント」と呼ばれます。そのルネサンスにおいて人々が拠り所としたのが、古代ギリシャやローマなどの「古典文化」でした。フィレンツェの大聖堂で見られるドーム型の天井は、水道橋などのアーチ構造を特徴とする古代ローマではよくある天井でしたが、キリスト教が中心の中世西ヨーロッパでは天上世界に近づく「高さ」が重視され、ドーム天井は作られなくなっていました。それが古典文化の再評価の中で採用され、大聖堂は約1000年ぶりに古典文化が復活したことを象徴する建造物となったのです。

しかし、大航海時代が始まると交易の中心が地中海から大西洋へ移り、フィレンツェの華々しい歴史は急速に終わりを迎えます。18世紀半ばにハプスブルク家の一部に組み込まれると、人々の関心からフィレンツェは外れていきました。当時のヨーロッパ各地の人々はイタリアに強い関心を持っていましたが、それはローマ帝国の遺跡が残るローマやナポリに対してであり、「ローマ帝国以降のイタリアに何か見るものがあるの？」と、トスカーナ地方などには関心がありませんでした。今ではトスカーナ地方のシンボルのひとつとも言える糸杉の並木も、18世紀に領地や耕地を区切るために植えられたもので、歴史的な価値も美的な価値も当時はほとんどなかったのです。イタリアに恋焦がれてお忍びで旅したゲーテも、2年近く滞在したのにフィレンツェには15日と3時間しかいなかったそうです。また、フランスの哲学者モンテスキューが訪れたトスカーナは、フィレンツェではなく近くのリヴォルノで、リヴォルノ以外の街はホコリにまみれて眠っているようだという認識でした。今とはずいぶん違う評価ですよね。

その後、19世紀になると、イタリアをはじめて統一したイタリア王国の首都がフィレンツェに置かれます。これは統一する際の文化的な中心軸としたダンテやボッカッチョなどの使っていた言語がトスカーナ方言と近かったため、トスカーナ方言が統一のイタリア語に採用されたことと関係があります。この頃には英国の歴史家ウィリアム・ロスコーなどにより、ルネサンス期の歴史が評価され、再び世界の注目を集めるようになりました。

次にフィレンツェが危機を迎えたのが、第二次世界大戦の時です。連合国軍とナチス・ドイツとの戦闘の中で、ポンテ・ヴェッキオ以外の橋とその周辺が破壊されました。ポンテ・ヴェッキオとは、フィレンツェの街中を流れるアルノ川に架かるフィレンツェを代表する橋です。そのポンテ・ヴェッキオが免れたのは、戦争前にフィレンツェで学生をしていたドイツ軍将校のゲルハルト・ヴォルフの英断によるものでした。戦後の再建のなかで、破壊された街をどのように復興するか議論されます。歴史家バーナード・ベレンソンは以前のルネサンス時代から続いた街並みに再建すべきだと主張しますが、パルチザン（イタリア抵抗運動）として戦ったバンリネッリは戦争の傷をしっかり残すべきだと主張しました。これは戦争や自然災害からの復興の中で今でもよく議論されることです。歴史から切り離された美しい都市か、それとも、必ずしも美しいとはいえない歴史をもつ都市か。結局はかつての美しい街並みが再建されました。

最後に大きな危機を迎えたのが1966年に起きたアルノ川の大氾濫です。多くの文化財や貴重な書物が水没し失われました。この時に世界中から集まったボランティアが、泥の中から美術品を救い出し、書物を一枚一枚クリーニングし、気の遠くなるような復興の手助けをしました。泥まみれになって働く彼らは感謝と称賛を込めて「泥の天使達」と呼ばれました。また、この経験が、文化財の保存・修復技術の発展や、文書のアーカイヴ作成、自然災害対策などに大きく貢献しました。

花の都フィレンツェは、美しい姿を観光客の僕達に見せてくれますが、その後ろには悲しい思い出もある立体的な歴史をもつ都市なのです。いつも明るく美しい人がふとした時に見せる陰のある表情。思わず目が離せなくなりますよね。

フィレンツェの歴史地区

イタリア共和国

[登録基準]①②③④⑥

大聖堂近くのヴェッキオ宮の前に立つミケランジェロ作のダビデ像など、市内各地の彫刻から「天井のない美術館」と称され、芸術都市としても評価された。

夢だけど、夢じゃなかった！ 聖なるお告げ

不思議な夢を見ました。ショッピングモールを歩いていた僕はトイレに行きたくなり、脇の細い通路へ曲がります。そこには何かの研究室があり、若い研究者達がそれぞれ忙しそうにしていました。ここ知ってる。昨夜見た夢の中でトイレの場所を聞いたんだった。蛍光灯の明るさや親切に教えてくれた対応までしっかりと覚えている。廊下を進んだ先のトイレを確認したところで目が覚めました。不思議に思ったのが、僕は2日連続で同じ場所を夢でみたのだろうか？　それとも「夢の中の僕が見た夢」を覚えていたのだろうか？

僕のは単なる変な夢ですが、夢がきっかけとなって生まれたのが有名なモン・サン・ミシェルです。今は海に浮かぶ聖堂として知られるモン・サン・ミシェルは、かつて陸続きのモン・トンブと呼ばれるケルト人の聖地でした。そのモン・トンブを見渡せる丘の上にアヴランシュという街があります。708年のある日、アヴランシュの司教オベールが寝ていると夢の中に大天使ミカエル（ミシェル）が現れ、モン・トンブに聖堂を建てるよう告げます。オベールはどうせ夢だろうと聞き流しました。僕だってそうします。次の夜、再

びオベールの夢にミカエルが現れ聖堂を建てるよう告げますが、それも聞き流したオベールに対し、3度目に現れたミカエルは夢ではない証拠を残します。オベールの頭に指で触れたのです。指はそのままオベールの頭にめり込み、雷に打たれる夢を見たオベールが目覚めると、頭に本当に穴があいていました。夢でなかったと驚いたオベールは、すぐに聖堂建設に取り掛かります。そして聖堂が完成するとみるみるうちに潮が満ちてきて、一夜にしてモン・サン・ミシェルは海に浮かぶ孤島となりました。この伝説により、多くの巡礼者が湾を歩いてモン・サン・ミシェルを訪れました。聖ミカエルとオーベールの伝説は、モン・サン・ミシェルの壁にレリーフとして描かれているだけでなく、聖ミカエルの姿を、聖堂の最も高い尖塔の先にある金色の像など、至るところで目にすることができます。

　中世には更に巡礼者を集める出来事が起こります。イングランドとフランスが百年間も戦争を続けた百年戦争の際、要塞としてフランスの最前線を守った

モン・サン・ミシェルは何度もイングランド軍に囲まれました。しかし、速く大きな潮の満ち引きにイングランド軍は手を焼き、とうとうこの地を攻略することができませんでした。人々は、天使の軍団長でもある大天使ミカエルが国を守ってくれたのだと信仰を深めました。こうしたことから、世界遺産に登録される時にも、文化遺産でありながら周囲の自然の「その湾」までが、聖ミカエルの伝説と関係が深く文化的に価値があるとして登録範囲に含まれました。またモン・サン・ミシェルは、スペインのサンティアゴ・デ・コンポステーラへの巡礼路のスタート地点の1つとして、世界遺産「フランスのサンティアゴ・デ・コンポステーラの巡礼路」にも含まれています。つまり、モン・サン・ミシェルは、異なる2つの世界遺産に登録されているのです。

一方で、聖ミカエルと並ぶ有名人となったオベールはどうなったかというと、聖堂が完成した後も720年までアヴランシュの司教を務め、725年頃にこの世を去ります。これは、聖ミカエルが頭に穴をあけた後も生き続けたということです。そんなバカなって思いますよね。しかし、アヴランシュのサン・ジェルヴェ教会にはオベールのものとされる穴のあいた頭蓋骨が残されています。その穴はわずかに再生しつつあり、穴があいた後もしばらく生きていたことを示しています。この頭蓋骨は11世紀初頭に屋根裏から発見されました。それを見た修道士達は、モン・サン・ミシェルの波乱の歴史の中で行方不明になっていたオベールのものだと信じ、聖遺物として大切に守られることになりました。
　しかし、修道士達ほど信仰心の篤くない僕は、それってほんと？　って思ってしまいます。でも実際に見てみると、聖ミカエルが指を差し込んだ穴に見えてくるから不思議です。この頭蓋骨が誰のものなのか諸説ありますが、科学的な調査で60代の男性のものとされています。オベールは55歳で亡くなっているので、大きくずれてはいません。そしてこの穴ですが、最近は「類表皮のう胞」という脳腫瘍によってできた穴ではないかと考えられています。この類表皮のう胞は脳腫瘍の中でも良性のもので、何十年もかけて大きくなることもあるそうです。外からわかるほど大きくなることも。そう考えると、穴があいた後も生きていたことを示す頭蓋骨というのも納得できますね。ともあれ、夢に現れる大天使には、決して逆らわない方がよいみたいですが。

モン・サン・ミシェルとその湾

フランス共和国

[登録基準]①③⑥

数世紀にわたって増改築が繰り返されてきた聖ミカエルの聖地。かつての海に囲まれた聖堂を取り戻すため、2000年代に堤防を橋に替える大改修が行われた。

世界遺産のリサイクル!?

ローマを訪れてまず驚いたことは、世界史で登場するローマ時代の建造物などが目の前にいくつも残っているということです。古代ローマ人が通った轍《わだち》がフォロ・ロマーノやアッピア街道に残り、街道の両脇には開発されていない風景が広がっています。歴史が現在へ連綿と続いているという驚きです。古代ローマ人というのは土木技術に長けた人々でした。都であったローマだけでなく、各地を征服して植民都市を築くたびに、アーチ構造やローマン・コンクリートなどの技術を用いて、その地に今も残る水道橋やコロッセオ、凱旋門などを築いていきました。フランス南部に残る世界遺産「ポン・デュ・ガール」では、水源地のユゼスから約50㎞離れたネマウスス（ニーム）まで高低差がわずか17ｍほどしかないにもかかわらず、水路や3層のアーチからなる水道橋を築いて水を供給したのですから、その技術力は驚くものです。それも紀元前19年頃ですから、日本では弥生時代の真っ只中。弥生時代の建造物が今も残って使われているなんて想像がつきますか？　そうしたローマ時代の遺構が最も多く残されているのが、イタリアの首都ローマです。

ローマにはオオカミに育てられた双子の兄弟ロムルスとレムスにまつわる建国神話があります。双子の大叔父にあたるアムリウスは王である兄ヌミトルから王位を奪うと、ヌミトルの子孫が生まれないようにヌミトルの娘を女神ウェスタに仕える巫女《みこ》にします。巫女は男性と交わることが禁じられ、純潔が義務づけられていたからです。しかし、そんなことは全く気にしないのがローマ神話の神々です。美しい彼女を見初めた軍神マルスは、水を汲みにきた彼女と交わり、双子の子どもが生まれました。現代なら捕まってしまいそうな話です。慌てたアムリウスは生まれたばかりの双子をテヴェレ川に流して殺そうとしますが、ここでもアムリウスの目論みは外れます。川に流された双子は川の精霊に助けられ、オオカミの乳で立派に成長しました。逞《たくま》しい青年になったロムルスとレムスは、大叔父アムリウスを討って復讐を果たし、兄のロムルスがローマを建国しました。

ローマの名前はロムルスに由来します。またロー

マのいたる所に、オオカミの乳を飲む2人の赤ちゃんの像やレリーフがあるのはこの神話のためです。このときロムルスが建国した地であるパラティーノの丘は、歴代の王が宮殿を築いたため「宮殿（パレス）」の語源になりました。

　こうして建国されたローマは、共和制を経て、地中海沿岸から西アジア、グレートブリテン島南部まで支配する大帝国となりました。ローマ帝国の下ではロンドンやパリ、ウィーンなどのように現在も各国の中心となる植民都市が築かれました。そしてローマ市内にも凱旋門やコロッセオ、パンテオン、フォロ・ロマーノ（ローマ人の広場）、カラカラ浴場など、ローマを代表するようないくつもの建造物が築かれます。これは皇帝が市民に対して権威を示す意味合いもありました。

　しかし、拡大しすぎた繁栄はやはり終わりを迎えます。ローマ帝国が東西に分割されると次第に都市としてのローマの重要性は薄れていきました。古くくすんだ過去の街と考えられるようになったのです。再び脚光を浴びるのは14世紀で、ローマ教皇領としてルネサンスの中心地のひとつとなってからのこと。強大な力をもつ教皇の下、ミケランジェロやラファエロ、ベルニーニといった芸術家が活躍し、芸術の都としての地位も確立しました。その時に、優秀な土木技術で作られているローマ時代の遺構が活用されます。ローマ浴場を使いまわしてサンタ・マリア・デッリ・アンジェリ教会にしたり、霊廟を使いまわしてサンタンジェロ城にしたり、キリスト教以前のローマの神々を祀ったパンテオン（万神殿）をキリスト教の聖堂にしたり、使えるものをフル活用してキリスト教の中心都市としての姿が整えられていきました。

一方で、使い回しがしにくい遺構は良質な石を切り出す「石切り場」になってしまいます。その代表がコロッセオです。コロッセオが完全な形ではなくガタガタとしているのは、ローマ市内にある別の世界遺産「ヴァティカン市国」に「サン・ピエトロ大聖堂」を築くために石が切り出されてしまったからなのです。世界遺産には、ローマ帝国最盛期の遺構の大半を含む教皇ウルバヌス8世が築いた城壁内と、城壁外のサン・パオロ・フォーリ・レ・ムーラ（壁の外の聖パウロ）聖堂が登録されています。ローマ時代の遺構とカトリック総本山の威光の2つでできているのがローマなのです。

ローマの歴史地区と教皇領、サン・パオロ・フォーリ・レ・ムーラ聖堂

イタリア共和国／ヴァティカン市国

[登録基準]①②③④⑥

ローマ帝国の遺構と、サンタ・マリア・マッジョーレ聖堂、サン・ジョヴァンニ・イン・ラテラーノ聖堂などヴァティカン市国の直轄地の聖堂が登録された。

アントニ・ガウディの作品群

〝みんなで育てる〟世界遺産

友人の結婚式でのこと。普段はきれいな標準語を話す彼女が、津軽弁で両親に手紙を読みました。それは僕の知らない彼女の一面だったのですが、なぜか彼女をずっと身近に感じて目頭が熱くなりました。知らない遠い街の情景の中に、彼女と両親の間の親密な雰囲気があり、そこに僕も混ぜてもらったような感覚だったのかもしれません。もう地元の方言も話せなくなってしまった僕には、羨ましくもありました。方言は地域の文化の重要な要素のひとつですが、世界遺産もそうした地域の文化を代表するものです。

スペインのあるイベリア半島の付け根、フランスと国境を接する海沿いにバルセロナを州都とするカタルーニャ州があります。この地域は、闘牛やフラメンコなどに代表される首都マドリードを中心としたカスティーリャとは異なる文化や言語をもっており、人々は自分達をカタルーニャ人だと考えています。つまり、彼らはスペインよりもカタルーニャ地域の共同体としての民族意識をもっているのです。そんな彼らのシンボルのひとつと言えるのが、アントニ・ガウディが設計したサグラダ・ファミリア贖罪《しょくざい》聖堂です。

この大聖堂は世界遺産として異例づくしでした。まず珍しいのが、大聖堂の全てが世界遺産に登録されているわけではない点です。地下聖堂と聖堂の正面の「誕生のファサード」の2カ所のみが登録されています。この大聖堂は現在も建設が続いており、建設中の建物の一部だけ世界遺産にするなんて普通だとちょっと考えられないことです。また、この大聖堂はカトリックの聖堂でありながら、1882年に着工されて以来128年間も献堂式が行われていませんでした。献堂式というのは、新しく建築された教会堂を神に捧げ「正式な」祈りの場とする、ローマ教皇がお墨付きを与える儀式です。未完成とはいえそんな曖昧な位置づけで長い間ミサが行われてきたなんて驚きです。さらにこの大聖堂は、2018年に市と合意が得られるまで建築許可の下りていない違法建築でした。世界遺産に推薦する時には法的な保護が求められているのに、建築許可について誰も調べなかったのでしょうか。謎です。

世界遺産には、実業家ペレ・ミラの依頼で造られた集合住宅「カサ・ミラ」や、各部屋の曲線的なデザインや外壁のタイル装飾が特徴的な「カサ・バトリョ」など、7件のガウディの建築が合わせて登録されています。それらはモデルニスモと呼ばれる芸術運動を代表する建築です。モデルニスモとはカタルーニャ地方を中心に起こった運動で、これまでの伝統的な芸術表現を打ち破る、自然の造形美を思い起こさせるような美しい曲線や華やかな装飾を特徴としています。背景には、カタルーニャ地方で産業革命が起こったことで経済的に豊かになったことと共に、新しい芸術表現を支える鉄やガラスなどの素材が揃ったことがあります。

それに加え重要だったのが、カタルーニャ地方の民族意識の高まりです。18世紀のスペイン継承戦争以降、カタルーニャ語の使用が禁止されるなど抑圧されてきたカタルーニャ地方ですが、19世紀後半に産業革命によって経済が上向いたことでカタルーニャ文化を再評価する「ラナシェンサ」という文芸運動が起こります。サグラダ・ファミリア贖罪聖堂の建設が始まる19世紀末にはカタルーニャ語アカデミーが設立されるなど、カタルーニャ文化で地域を再び盛り上げる機運が高まっていました。そこに起こったモデルニスモが、フランスを中心とする「アール・ヌーヴォー（新しい芸術）」と呼ばれる新しい芸術運動以上の意味合いをもったとしても不思議ではありません。

しかし、ガウディがこの世を去った10年後に始まったスペイン内戦で反乱軍のフランシスコ・フランコと敵対したカタルーニャ地方は、フランコ独裁政権が成立すると徹底的に文化が否定されてしまいました。カタルーニャ語の禁止だけでなく、カタルーニャ語の名前をスペイン（カスティーリャ）風のものに変えられ、伝統的な音楽や踊りなども禁止されました。大聖堂の建設継続も、内戦でガウディが残したデッサンや模型、メモの多くが燃えてしまったために困難な状況にありました。ガウディはきっとこう考えたに違いないという想像で作り続けるしかなく、このまま建築を続けるのは無理だという意見は建築家の中にも多くありました。またフランコ政権の下でカタルーニャ地方の経済は低迷し、建築資金を充分に集めることができないことも理由でした。

しかし、カタルーニャの人々の強い希望もあり、建設は続けられることになりました。世界遺産に登録された現在は、観光収入が大きな建設資金となっています。観光客が多すぎるオーバー・ツーリズムなどの問題もあり地元の人々の理解や協力が必須ですが、完成させるためには世界各地からの観光客も欠かせない、「みんなで育てる」世界遺産とも言えます。

アントニ・ガウディの作品群

スペイン

[登録基準]①②④

アントニ・ガウディの設計した「カサ・ミラ」や「グエル公園」など7件で登録されている。サグラダ・ファミリア贖罪聖堂は2005年に追加登録された。

お供え物はジャガイモ

日本ではあまり聞かないですが、ヨーロッパなどでは有名人の眠るお墓は観光地になっています。フレデリック・ショパンやエディット・ピアフなどの墓があるパリのペール・ラシェーズ墓地にはガイドブックも売られているんです。確かに迷いそうなくらい広い墓地ですからね。お墓にはお花の他、故人に縁のあるものが供えられることが多いと思うのですが、ドイツの世界遺産「サンスーシ宮殿」にあるフリードリヒ2世のお墓には、珍しいものが供えられています。それはジャガイモ。自分の祖父のお墓参りに行って、お墓に花じゃなくてジャガイモがゴロゴロ転がっていたら、びっくりしますよね。

ドイツの首都ベルリンの周辺には、18～20世紀初頭にかけて造られた庭園群と150以上の宮殿が残されています。第二次世界大戦の戦後処理を話し合うポツダム会談が開かれたツェツィーリエンホーフ宮殿や、英国のウィンザー城をイメージしたバーベルスベルク宮殿などの世界遺産登録された宮殿の中でも有名なのが、フランス語で「憂いなし」を意味する名をもつサンスーシ宮殿です。

サンスーシ宮殿を築いたのは、芸術や哲学を愛する一方で高い軍事能力も誇り「フリードリヒ大王」と称されたフリードリヒ2世。彼は、芸術を嫌いプロイセン王国を軍事大国にすることだけを目指した父フリードリヒ・ヴィルヘルム1世と、後に英国王を輩出する家に生まれ音楽や芸術を愛した母ゾフィー・ドロテアから、大きな影響を受けて育ちました。父から皇帝としての帝王学を学んだ一方、母からは芸術や学問に通じる宮廷人としての気風を学びます。特に母の影響は大きく、彼はフルートの名手として客の前で演奏を楽しむこともありました。しかし、そうした芸術的な行いを、「軍人王」とも呼ばれた無骨な父は暴力をふるってまで頭ごなしに否定します。18歳になると、彼は粗野で無理解な父の元から逃げようと英国への逃亡計画を企てましたが失敗し、共に逃げようとした友人は彼の目の前で処刑されてしまいました。

こうした複雑な幼少期から青年期をすごしたフリードリヒ2世は、１７４０年にプロイセン国王と

なると、オーストリアのマリア・テレジアが若くしてハプスブルク家の全領土を継承したことに異議を唱え、フランス王やバイエルン公と組んでオーストリアに対しオーストリア継承戦争を起こします。この戦争でプロイセン王国は領土を広げましたが、領土奪還を目指すマリア・テレジアとの間で再び戦争（七年戦争）が始まります。

実はこのフリードリヒ2世とマリア・テレジアはかつて結婚を検討した仲でした。結婚を検討したといっても、学生時代あんなに結婚しようって言っていたのに、お互い社会人（皇帝と君主）になったらすれ違いばっかりで自然消滅、というのではありません。政略結婚の候補として挙がっていたのですが、キリスト教カトリックの擁護者を自任するハプスブルク家にとって、カトリックに改宗する見込みのないプロテスタントのフリードリヒ2世は相手として相応しくなかったのです。七年戦争でプロイセン王国は一時苦境に立たされましたが、最終的には有利な和平条約を結び、ヨーロッパ列強のひとつとなりました。

この戦争が続いた時代に造られたのが、サンスーシ宮殿です。平屋建てでわずか12室しかない小さなこの宮殿で、フリードリヒ2世はフルートを演奏し、詩や本を読み、哲学者ヴォルテールと議論を交わして過ごしました。まさに「憂いのない」場所だったのです。

フリードリヒ2世は強い君主として人々を導きながらも、芸術を愛し、啓蒙専制君主として国民のために尽くしたので、人々からも慕われていました。彼はある時、戦争で疲れはてた国民を見て、寒くてあまり豊かではない土地でも育つジャガイモの栽培を提案します。国民のために。それなのに人々は、「ゴッゴッしていて気持ちが悪い」とか「聖書に書いてないなんて悪魔の作物に違いない」とか、「そもそも原産地の南アメリカってどこだ」などなど、散々な理由でジャガイモを嫌っていました。そこでフリードリヒ2世はジャガイモの良さを知ってもらうために、自分からどんどんジャガイモを食べ、年老いた体にムリしてまでジャガイモを作る農地を見て回りました。そんな国王の姿が国民の心を打たないはずがありません。ジャガイモは次第に人々に受け入れられ、今ではドイツ料理を代表する食材のひとつにまでなりました。フリードリヒ2世の墓に、彼に感謝する人々からジャガイモが供えられるのはそのためなんですね。

ポツダムとベルリンの宮殿と庭園

ドイツ連邦共和国

[登録基準]①②④

自然と調和した高い芸術性を示す宮殿群と庭園が登録されている。フリードリヒ2世が基本案を作ったサンスーシ宮殿はドイツ・ロココ様式の代表例とされる。

密林の中に忘れられし神秘の遺跡

石造りのバランスの取れた伽藍《がらん》や松ぼっくりのような形をした祠堂《しどう》、寺院の塔に彫られた巨大な観音菩薩の顔……密林を抜けた先に突如そんな光景があらわれたら、一生心を奪われてしまうことでしょう。そんな「エキゾチック」という言葉を体現するような遺産がカンボジアにあります。アンコール・ワットを含む「アンコールの遺跡群」は、9世紀初頭から約600年間この地を支配した、クメール人の興したアンコール朝の建造物群です。アンコール朝の王位は実力主義で、父から子へ王位が受け継がれることすら珍しかったため、激しい王位争いに勝った国王は、即位すると王宮や寺院を建立《こんりゅう》して自らの権力を神格化しました。

1113年に王座についたスーリヤヴァルマン2世は、すぐに都城の中心となるヒンドゥー教寺院アンコール・ワットの建設にとりかかりました。約30年かけて完成したアンコール・ワットは、ヒンドゥー教の宇宙観を立体的に表した壮大なものでしたが、防衛には向いていませんでした。そのためあっさりとヴェトナムのチャムパー王国に侵略されてしまいます。神々の住む山脈を表す周壁や神話の海を表す周囲の堀は、現実世界の攻撃には無力でした。

そのアンコール朝の危機を救ったのが1181年に王となったジャヤヴァルマン7世です。彼はアンコール・ワットの北約1・5㎞の場所に新しい都城アンコール・トムを築くと、チャムパー王国を破りアンコール朝を繁栄させました。また彼は従来のヒンドゥー教ではなく仏教を信仰して、アンコール・トムの中央に仏教寺院バイヨンを築きました。このバイヨンの約40の塔には、4つの面それぞれに巨大な観音菩薩の顔が彫られています。これが素敵なんです。塔そのものを擬人化したような大きさの観音菩薩の顔が、四方に向かって微笑みかけている、こんな独特で不思議な造形は他にあまり知りません。また遺跡の多くが、どの宗教の建物とも断言しにくいレリーフや像に覆われているところがまた神秘的です。ヒンドゥー教や仏教、バラモン教のモチーフが混ざり合っているだけでなく、バイヨンの四面の顔が誰を描いているのかさえ実は諸説あります。その後、隣国タイのアユタヤ朝に滅ぼされると、遺跡群は放棄され密林の中に埋もれていきました。

アンコールの遺跡群を歴史の表舞台に再び引っ張り出したのは、フランスの博物学者アンリ・ムオでした。密林の中に眠るアンコール・ワットを発見したムオは、遺跡を詳細に記録しました。その記録に注目したのが、フランス政府です。こうした壮大な遺跡を築いたクメール人の王国には莫大な富が隠されていると考えたのです。メコン川の交易上の重要性とあいまって、植民地主義を刺激されたフランスは、タイに侵略されていたカンボジアの保護という名の下にカンボジアを保護領とします。そしてフランス極東学院を設立して、タイが放置していたアンコール・ワットなどの修復・保全を行いました。

こう書くと、さすが文化の国フランス！　と称賛したくなります。しかし、彼らがアンコール・ワットを修復して世界に紹介したのは、植民地支配の正当性を世界に示すという意味がありました。そのため、アンコールの遺跡群で発見された多くの仏像やレリーフなどがフランス本国に運ばれて「保護」されました。パリにある国立ギメ東洋美術館には、この地で発見された100点を超える美術品が今でも所蔵されています。野ざらしにされて朽ちるのを待つのは忍びないし、当時は遺跡から美術品の盗難が頻発していたという背景もあるのは確かですが。

実際に、後にフランスの文化大臣となり、世界遺産条約の理念誕生にも影響を与えた文学者アンドレ・マルローが、若い頃、アンコールの遺跡群にあるバンテアイ・スレイから女神デヴァダー像など4体を盗み出して逮捕された事件は有名です。この事件、マルローはあくまでフランスの法律に従って文化財を保護したという認識だったため、多くの文化人を巻き込んだ議論へと発展しました。

アンコールの遺跡群はこうして修復と共に重要な美術品が持ち去られてしまったのですが、もっとひどい被害を受けたのがカンボジア内戦の時です。政治勢力のクメール・ルージュは、宗教を危険視してアンコール・ワットを破壊し、ゲリラ活動の拠点としてこの地を活用しました。カンボジアを代表する文化財に対しては敵も砲撃をためらうだろうという思惑もありました。この時に、多くの仏像が首をはねられ、敷石にされました。内戦で受けた砲撃の跡は今も残されています。

このひどく激しい内戦が終わり、新しい国を立ち上げる時、内戦で分断された人々を再び1つにまとめるための心の拠り所としたのが、アンコール朝の文化と遺産でした。アンコール・ワットがカンボジアの国旗に描かれているのは、そのためなのです。

アンコールの遺跡群

カンボジア王国

[登録基準]①②③④

アンコール・ワットやアンコール・トム、バンテアイ・スレイなど、アンコール朝の栄光とクメール文化・美術の開花を伝える遺跡群が登録されている。

お寺なの？　神社なの？

あなたの宗教は何ですか？　という問いは、僕達日本人にはなかなか答えにくいものです。明確に仏教や神道の信者ですと答えられる人もいるでしょうが、そうした人も信仰を超えて、除夜の鐘を聞くと年が明けるなと感慨深くなったり、青空に映える富士山の姿に神々しさを感じたりするのではないでしょうか。ましてや僕のように特定の宗教に属していない人は、神社にもお寺にも行きますし、教会で十字架に手を合わせたりもします。欧米でも宗教離れが進み、神父や牧師のなり手が減っていることは危機感をもって語られますが、同時にイスラム教世界との対比や移民などの問題からか、信者ではない人でも自分はキリスト教だという思いを多くの人がもっているところは、日本とはかなり違います。

これは、全知全能の神が全てを作り上げた一神教のキリスト教と違い、日本古来とされる神道も大陸から伝わった仏教も多神教であるという点が関係しています。神道の神々の中には仏教の要素が多く入っていますし、その仏教の中にもヒンドゥー教や道教などが分かちがたく混ざり合っているため、もう日本古来の純粋な神というのは、自然に対する「畏《い》

敬《けい》」という姿でしか残っていない気がします。

例えば、日光東照宮。ここは神社なのか寺院なのか。最後に「宮」がつくので神社かな？と思いますが、五重塔があるので寺院のような気がするぞ、とも思います。一緒に世界遺産登録されている「輪王寺《りんのうじ》」や「二荒山神社《ふたらさんじんじゃ》」は名前からも分かりやすいのに。

日光の東照宮に祀られているのは徳川家康です。家康の諡号《しごう》（死後のおくり名）は「東《とう》照大権現《しょうだいごんげん》」といいます。権現とは、「権（かり）」の姿で「現」れるという意味で、仏さまが神の姿で現れるという神仏習合の考え方からきています。大陸から仏教が伝わってきた時、日本人はそれまで信じてきた日本古来の神々とどう折り合いをつけたらよいか考えた末、神道の神々は仏さまが仮の姿で現れたものだと解釈しました。「東照大権現」は、「東から人々を照らす権の姿で現れた神」という意味ですが、仏教において東方から人々を救う光りを放つのは、薬師如来です。正式名称は、東方薬師瑠璃光如《とうほうやくしるりこうにょ》来《らい》。家康は、母のお大の方が鳳来寺の薬師如来に祈願して授かった子との伝承があり、薬師如来の生まれ変わりだと考えられてきました。実際、家康は薬に詳しく、「万病円《まんびょうえん》」という薬を調合して家臣や大名にも与えていたそうです。因みに、「権現」はもともとのサンスクリット語では「アヴァターラ」といいます。これはＳＮＳなどで顔写真の代わりに自身を表現する「アバター（化身）」の語源です。家康がＳＮＳをやっていたらアバターは薬師如来だったのかもしれませんね。

　東照宮の有名な陽明門の近くには、薬師如来が祀られる本地堂があります。東照大権現である家康の「本来の姿（本地）」が祀られているため本地堂と呼ばれています。日光東照宮にはかつて神道と仏教が混在していましたが、１８６８年の明治政府による神仏分離令によって仏教の要素が切り離されました。本地堂は東照宮の敷地内にありながら輪王寺の管轄になりました。このように、長く続いてきた信仰がそんなにすっきりと分けられるはずもなく、本地堂や五重塔などの仏教の要素が東照宮の中に残されたのです。

　他にも、日光はもともと修験道の勝道上人が山岳信仰の霊場として開いたのですが、男体《なんたい》山《さん》と女峰山《にょほうさん》、太郎山の日光三山はそれぞれ、仏教の輪王寺では千手観音《せんじゅかんのん》、阿弥陀如来《あみだにょらい》、馬《ば》頭観音《とうかんのん》として、神道の二荒山神社では大己貴命《おおむなちのみこと》、田心姫命《たごりひめのみこと》、味耜高彦根命《あじすきたかひこねのみこと》として祀られています。ここからも信仰を切り分けることの難しさを感じます。

西欧的な近代化を目指す明治政府による神仏分離令は、キリスト教を国家宗教とするヨーロッパの国々を真似て神道を国家宗教とするためのものでした。明治政府の方針は神仏習合の状態から神道と仏教を分けることでしたが、寺院の特権が制限され寺領が没収されると、全国各地で廃仏毀釈《はいぶつきしゃく》の運動が起こり、多くの寺院が大きな被害を受けました。その一方で、神仏分離令は神道にも立ち戻りがたい変化をもたらします。神道はもともと、地域それぞれの山や岩などに対するアニミズムのような信仰から始まりましたが、国家宗教として形が整えられる中で、神社の統合や、儀式や祭礼の統一などが行われました。日本各地の風土に根ざしていた神道の多様性が失われたのです。大きな神社の中に、様々な名前の小さな神社や祠があるのは統合された神社のものです。「日光の社寺」に行くと、自然に根ざした日本の信仰だけでなく、その歴史の複雑さも感じることができるのです。

日光の社寺

日本国

[登録基準]①④⑥

東照宮と二荒山神社、輪王寺の二社一寺に属する建造物103棟が登録されている。想像上の生物などの細かな彫刻がほどこされた陽明門や三猿の神厩舎が有名。

大聖堂は見た目も大切

フランスでは新年になると、パン屋やケーキ屋の店頭に、紙の王冠とアーモンドのパイが並びます。これは「ガレット・デ・ロワ」と呼ばれるもので、新年の風物詩です。「ガレット・デ・ロワ」は直訳すると、「王様達のガレット」です。でもここでの「ロワ」は「王様」ではなく、イエス・キリストの誕生を祝福しにきた「東方の三博士」を指します。そのため、フランスではイエス・キリストの降誕を祝う「公現祭（エピファニー）」のお菓子として有名です。色々な店のものを食べ比べると楽しいのですが、ガレット・デ・ロワについて書き出すときりがないので「東方の三博士」に目を向けると、星に導かれてベツレヘムの馬小屋を訪れ、イエスの降誕を「新しいユダヤの王（救世主）」として祝福したのが「東方の三博士」です。「博士」とは占星術に長けた賢人のこと。救世主の誕生を恐れたユダヤのヘロデ王は、「東方の三博士」に対して、幼子《おさなご》の誕生を知らせるように命じますが、夢のお告げを聞いた博士達はヘロデ王を避け、幼いイエスを救いました。

この「東方の三博士」の聖遺物が納められているのが、ドイツのケルンにある大聖堂です。聖遺物は、1164年にミラノからケルンにもたらされました。これにより、ケルンはキリスト教の巡礼者達にとって最も重要な巡礼地のひとつとなっただけでなく、ドイツ王家にとっても特別な場所となります。王はアーヘンでの戴冠式の後にはケルンに立ち寄って聖遺物を拝礼することが通例となりました。

現在の大聖堂のもととなった聖堂が1248年の火災で焼失するとすぐに、フランスで大聖堂の建造に携わっていた建築家のゲルハルトが招かれ、フランスの世界遺産にもなっている「アミアンの大聖堂」を手本としたゴシック様式で再建が開始されました。しかし、まもなく自由な気風をもつケルンの市民と、伝統的なキリスト教カトリックの権威である大司教の関係がぎくしゃくするようになります。ケルンが自由都市の資格を得ると、大司教はケルンからボンへと移り住んでしまいました。その後、大聖堂の建築計画が壮大であったこともあり、何度も資金難に陥ると、建設開始から約300年を経た1560年にはとうとう宗教改革の影響もあって建築が中断してしまいました。そのまま約300年もの間、建設途中の姿で放置されてしまいます。

大聖堂の建築が再開したのは1842年のことです。1814年にプロイセン王国がナポレオン1世に勝利すると、ドイツに統一国家を打ち立てようとする強いナショナリズムが高まります。そこに、14世紀初期の大聖堂の西側正面のオリジナルの図面が1814年に偶然発見されたことがきっかけとなり、プロイセン国王フリードリヒ・ヴィルヘルム4世が統一ドイツのシンボルとしてケルンの大聖堂の建築に資金援助を申し出ました。そこから建設が動き出します。

建設を担ったのは、ケルン大聖堂中央建築協会です。背景には、キリスト教の宗派対立がありました。現在、ケルンの大聖堂はキリスト教カトリックの聖堂ですが、当時のプロイセン王国はプロテスタントを信仰しており、ケルンの大聖堂をめぐってカトリックとプロテスタントの間で緊張関係にありました。カトリックもプロテスタントも同じキリスト教でしょ？　何が違うの？　なんて聞いたら怒られてしまうくらい、中世以降のヨーロッパでは両者の意見が対立していました。17世紀前半には、両者の間で三十年戦争のような宗教戦争が起こったくらいですから、相当です。そこで国王は大聖堂を統一ドイツのシンボルにするために、キリスト教の宗派によらないケルン大聖堂中央建築協会が建築と管理を受けもつことになりました。現在でも管理はこの協会が行っています。

建設再開から38年後の1880年、大聖堂はついに完成しました。1248年から考えると600年以上も完成にかかっていることになります。正式名称は「ザンクト・ペーター・ウント・マリア大聖堂（聖ペテロとマリアの大聖堂）」。ゴシック建築の傑作です。12世紀末頃からフランスのパリを中心に広まったゴシック建築は、建築技術が向上したことによって天にそびえるような壮大な聖堂建築が可能となったものです。圧倒的な建物の大きさそのものが、キリスト教の偉大さを表現していると言えます。

しかし、その偉大さを脅かす問題が起こりました。世界遺産に登録された後の2004年、高層建築を含む大聖堂周辺の都市開発計画がもち上がったのです。高層建築によって大聖堂が囲まれてしまうと、「あれ？　キリスト教の大聖堂って何だかたいしたことなくない？」と、景観が悪くなるだけでなく価値そのものが損なわれてしまいます。そこで危機遺産リストに記載し対策が話し合われた結果、市当局が高さ規制などの景観対策を行い、2006年に危機を脱することができました。建物だけを守っていても価値を守ることにはならないのですね。景観ってとっても大事なんです。

ケルンの大聖堂

ドイツ連邦共和国

[登録基準]①②④

様々なステンドグラスが窓を彩る中で、第二次世界大戦からの復興で加わった現代芸術家ゲルハルト・リヒターの幾何学的なデザインは異彩を放っている。

紀伊山地の霊場では
妖怪が息を潜めて待っている?

紀伊半島の奥深い熊野古道を歩いていると、突然、体がずっしりと重くなり、頭がくらくらして歩けなくなることがあります。妖怪「ダル」に取り憑かれたのです。ダルは、熊野の山で行き倒れた人々の悪霊だと考えられてきました。特に空腹の時に憑かれやすいため、憑かれたら米を1粒でも食べるとダルが退くと言い伝えられてきました。昔の人は、山で弁当を食べる時には米粒を一粒残しておき、米粒がなければ手のひらに指で「米」の字を書いてなめたそうです。民俗学者の南方熊楠《みなかたくまぐす》も、自らのダル体験を書き残しています。

しかし、そんな妖怪が住みにくくなったのが現代です。蛍光灯で街の隅々まで照らして、妖怪を追い出してしまいました。妖怪ダルだって例外ではありません。山道での急な体調の悪化は、ガス中毒だと考えられています。落ち葉などの有機物が腐ると二酸化炭素が発生します。それが窪地などで発生すると、風で広がらずそのまま1カ所に溜まります。そこに人が入り込んで二酸化炭素を大量に吸い込むと、心拍数が上がり脱力感や意識障害などの中毒症状が表れるのです。実際に熊野古道のある場所では、通常の20倍もの二酸化炭素濃度が計測されました。でも、科学的な説明なんて味気ないものですね。

第2章
知られざる世界遺産のひみつ

アルコバサの修道院

不倫も突き抜けると歴史に名が残る

有名人の「不倫」の話題をメディアで目にすることがあります。不倫はよくないのだと思いますが、不倫も突き抜けると歴史に残るほどの物語になるという例が、ポルトガルの世界遺産にあります。

キリスト教国が、イスラム勢力からイベリア半島を取り戻すレコンキスタの最中の12世紀中頃、現在のスペインにあった強国カスティーリャ王国からポルトガルの貴族が独立し、ポルトガル最初の王国が誕生します。しかし、なんとか独立をしたものの、カスティーリャ王国とは良好な関係を築いていくことがポルトガルにとって重要なことでした。時は流れて14世紀半ば、ポルトガル国王のアフォンソ4世は、カスティーリャ王国との関係を強化するために、息子の王子ドン・ペドロをカスティーリャ王国の貴族の娘コンスタンサ・マヌエルと、リスボンで結婚させました。これで両国の絆は強まったと思われたのですが、王子ドン・ペドロは、妻のコンスタンサ・マヌエルではなく、妻の美しい侍女イネス・デ・カストロの方に惚れてしまいました。両国関係を気にした国王は、イネスを遠く離れたコインブラのサンタ・クララ修道院に幽閉し、王子から引き離そうとしますが、恋愛は障害があると更に燃え上がるのでしょうね。ドン・ペドロは、ますます妻そっちのけでイネスに入れ込み、イネスも王子の愛を受け入れます。今で言う「不倫」です。

妻のコンスタンサ・マヌエルは、しっかりと跡継ぎの王子を産んで役目を果たすと、ドン・ペドロの即位を見ることなくこの世を去ってしまいました。ドン・ペドロは、妻が死んだらもう後ろめたいことはないとばかりに、イネスを近くに呼び寄せ、ふたりの世界に浸り始めました。国王アフォンソ4世が再婚を勧めても聞く耳をもちません。イネスはとうとうドン・ペドロとの間に3人の子どももうけて、ふたりは幸せの絶頂にありました。

しかし、不倫から始まった恋を世の中が許すはずがありません。現代では週刊誌から非難が始まるのでしょうが、当時のポルトガル王国では、貴族達が非難の声を上げました。貴族達は「不倫がよくな

い」ということではなく、イネスがこのまま王妃になると、イネスの親族やその取り巻きの貴族が力をもち、自分達の地位が危うくなるという危機感から、国王にイネスの暗殺をもちかけたのです。国王は、カスティーリャ王国との絆の証である跡継ぎの孫を守ることを理由に、ドン・ペドロの不在の隙を狙ってイネスを殺してしまいました。イネスの死を知ったドン・ペドロは激しく怒りますが、国を守らなければならないという母の説得で一度は矛を収め、国王と和解しました。

しかし、矛を収めたのはあくまで表面的な話。国王がイネス暗殺の2年後の1357年にこの世を去ると、ドン・ペドロはペドロ1世として国王に即位し、すぐさまイネスの復讐を始めます。2年間、怒りを胸の内に溜め込んでいたペドロ1世は、イネスを殺した3人の貴族をカスティーリャ王国で見つけ出すと、心臓をえぐり出すという残虐な方法で処刑しました。人の恋路を邪魔すると馬に蹴られるそうですが、蹴られる程度では済まされなかったようです。さらに、ペドロ1世が溜め込んだ怒りは信じられない方向に向かいます。ペドロ1世は、イネスの墓の中から棺を掘り出すと、体も朽ち腐敗するイネスを玉座に座らせ、正式な王妃として臣下の貴族達に認めさせました。腐敗した王妃と並ぶ国王を、人々はどのような目で見守ったのでしょうか。

ペドロ1世とイネス・デ・カストロの物語は、ポルトガルで長く語り継がれてきました。現在、ペドロ1世とイネスはアルコバサの修道院で一緒に眠っています。シトー会の質素な修道院の中にあって、異質なほど豪華な棺の中で。ペドロ1世の遺言により、ふたりはお互いの足の裏同士が向き合うように安置されているそうです。目覚めて起き上がったときに、最初にお互いの顔が見えるようにと。

ちなみに、ペドロ1世はイネスの死後すぐに別の女性との間に子どもをもうけ、その子どもはジョアン1世としてポルトガル王国の中興の祖となっているだけでなく、ポルトガルの大航海時代を代表する王子で、世界遺産「リスボンのジェロニモス修道院とベレンの塔」と関係のあるエンリケ航海王子の父としても知られています。ペドロ1世が純愛を通した一途な王なのかどうなのかよくわかりませんが、不倫も突き抜けると歴史に名を残す物語になるようです。あまりお勧めはしませんが。

アルコバサの修道院

ポルトガル共和国

［登録基準］①④

国王が築かせた中世の面影を伝える初期ゴシック様式の修道院。禁欲生活を旨とするシトー会らしく、太ると通ることができない細い食堂の入り口などがある。

イェリング墳墓、ルーン石碑と教会

俺自慢も後世まで残れば世界遺産

皆さんはどんなあだ名をおもちですか？　昔の映画を観たり小説を読んでいると、大人でも「野だいこ」や「うらなり」など変なあだ名で呼んでいたりして笑ってしまいます。実は歴史上の人物の多くもあだ名をもっています。十字軍でも活躍したイングランド王リチャード1世の「獅子心王」や、キリスト教カトリックの教皇庁をアヴィニョンに強引に移したフランス王フィリップ4世の「美男王」のように華々しいものの他に、父から土地をもらえなかったイングランド王ジョンの「欠地王」や、デンマーク王に征服され王位を奪われたイングランド王エゼルレッド2世の「無思慮王」のような切ないものもあります。

実は僕達がとてもよく知っている名称の由来となったあだ名をもつ王が、デンマーク王ハーラル1世です。彼のあだ名は「青歯王」。名前の由来については諸説あるようですが、明らかにわかる虫歯があったという説もあります。この「青歯王」というあだ名、聞いたことありますか？　英語だと「ブルートゥース」。そう、あのデジタル機器同士を無線でつなぐ「Bluetooth」です。ハーラル1世がデンマークを統一し、ノルウェーの有力者を影響下に置くことで支配し、国と国を結び付け文化交流を行ったことにちなんで、人々をつなぐ新しいデジタル通信規格の名前に採用されました。「Bluetooth」のロゴマークは、ハーラル1世の本名「ハーラル・ブロタン」をルーン文字で書いた時の頭文字を組み合わせてデザインされています。

そして、ハーラル1世の功績をルーン文字で刻んだ石碑があるのが世界遺産「イェリング墳墓、ルーン石碑と教会」です。ルーン文字とは、ラテン文字が入ってくる前からゲルマン人が使っていた文字で、北欧では他の地域よりも長い間使われていました。北欧にはルーン文字で死者を記念する文章を刻んだ石碑が数多く残されており、イェリングにある石碑もそのひとつです。ハーラル1世は、父であるゴーム王（ちなみに、あだ名は「老王」）と母チューラを記念するために美しい装飾が施された石碑を立てました。「イェリング獣」と呼ばれる獣や磔《はりつけ》にされたキリストの姿が彫られており、大変豪

華なものです。立てられた10世紀頃には、色鮮やかに塗り上げられていたと考えられています。そうした見た目と一緒に「ハーラルは父であるゴームと母チューラを記念して、この碑を立てるように命じた」と書かれた碑文を読むと、ハーラル1世はなんて両親思いの立派な王様なんだ！　と思ってしまいます。石碑を立てるのには、手間も暇もお金もかかるのですから。

しかし、ハーラル1世が立てた石碑の碑文には続きがあります。「これなるハーラルは全デンマークとノルウェーを手にいれ、デーン人をキリスト教徒にした」と書かれているのです。これ、ハーラル1世による自画自賛ですよね。ハーラル1世は確かに東西デンマークを統一し、ノルウェーを支配下に置き、デンマークで初めてキリスト教に改宗した王として、今に続くデンマーク王家にとって重要な人物なのですが、石碑にこれを書いてしまうと誰のための石碑なの？　となってしまいます。前半の「誰が誰を記念して石碑を立てる」という文章はルーン石碑の文章としては基本的なもので、世界遺産に登録されているもう1つのゴーム王が立てた石碑には「ゴームは、デンマークの誉れである妻チューラを記念してこの碑を立てた」とだけ書かれています。こちらは装飾もなくシンプルな石碑です。こうしてみるとハーラル1世の石碑は、ゴーム王が記念する妻を「デンマークの誉れ」と讃えているのと大違いです。研究によると「イェリング墳墓、ルーン石碑と教会」は、ハーラル1世の時代に配置などが大きく変えられており、そこにはハーラル1世の意向が強く反映されているそうです。キリスト教以前の異教を信奉していた父ゴーム王の墳墓とされる丘の脇に、シンプルなゴーム王の石碑と豪華なハーラル1世の石碑をあえて並べて置いたのは、ハーラル1世が自分の功績を誇示するためだったとする、近年の研究による指摘も納得できます。

しかし、実はゴーム王の妻への賛美も純粋な愛ではないという説もあります。ルーン石碑には、親族関係や財産などの権利関係をはっきりさせる意味合いがあり、ゴーム王が彫らせた「デンマークの誉れ」というのは、「デーン人の辺境（マルク）の誉れ」であったというのです。つまり、妻チューラの出自をはっきりさせて、そこは自分の支配下にあることを示していると。まあ、親子のやっていることは似たようなものですね。

イェリング墳墓、ルーン石碑と教会

デンマーク王国

[登録基準]③

2つの墳丘とその間にある教会、そしてゴーム王とハーラル1世の2つの石碑が登録され、異教時代からキリスト教へと移り変わった時代を証明している。

敵国だって受け入れる平和の象徴

僕は一番好きな世界遺産を聞かれると、必ず「ヴェズレーの教会と丘」と答えています。フランス中部の街ヴェズレーを訪れたのは留学中のことです。ヴェズレーに向かう車の中から携帯で問い合わせても、復活祭の時期だったのでホテルはどこもいっぱいでした。とりあえず宿を求めて入った街の入り口にある小さなホテルは、先ほど電話で断られたところでした。受付カウンターの奥で「〇〇ホテルならまだ空きがあるかもしれない」と話している声が聞こえます。微かな期待を胸に、そのホテルへ行こうとすると「電話してあげるからそこで待ってなさい」と2軒ほど電話をかけてくれ、どちらも空きがないことが判ると、「ここで待ってて」と言い残して出て行ってしまいました。何だ何だと思っていると、「隣の客間に泊めてもらえることになったよ」と、すぐ隣の民家へ案内してくれたのです。諦めかけていたヴェズレーでの宿は、受付の前で猫を撫でている間にすんなりと決まったのでした。

ヴェズレーは丘の上に造られた小さな街です。エルサレム奪還を目指す十字軍が集結し士気を高めた場所であり、またキリスト教の聖地として多くの巡礼者が集った場所でもあります。ヴェズレーの人々は昔から、僕を受け入れたように、世界中から集まる巡礼者を暖かく迎え入れていたのでしょう。12世紀頃、この街には多くの巡礼者が溢れていました。キリストの復活を最初に目撃したとされるマグダラのマリア（フランス語でマリー・マドレーヌ）の聖遺体が、この街に祀られていると信じられていたからです。またスペインのサンティアゴ・デ・コンポステーラへの巡礼路の起点としても巡礼者が集まりました。

今でもヴェズレーを訪れるサンティアゴ・デ・コンポステーラへの巡礼者が身につけているシンボルがホタテ貝です。これはイエスの使徒になる前、漁師であった聖ヤコブ（スペイン語でサンティアゴ）のシンボルで、道中の安全を祈願して身につけるようになりました。そのホタテ貝の印をヴェズレーの街でも見ることができます。街の入り口であるサンテティエンヌ通りに埋められたホタテ貝の印や、ホ

テルの看板、民家の壁など、ホタテ貝を探しながら石造りの街並みを登ってゆくと、初めて歩く街並みなのに、何か思い出しそうな、どこか懐かしいような気持ちになってきます。その道の突き当たりにあるのが、ホタテ貝を型どった焼き菓子マドレーヌを思い出させる名前の、サント・マドレーヌ教会（ヴェズレーの教会）です。

6人の聖人が見守る教会の入り口を入ると、玄関廊があります。ここは礼拝堂内に入ることの出来ない、罪を犯した人々が礼拝を受ける場所で、巡礼者の控えの間としても使われていました。この玄関廊に面した礼拝堂入り口の上、タンパンと呼ばれる場所にあるレリーフは、ロマネスク美術の傑作として有名です。イエスを中心に十二使徒や様々な国の人々の姿が彫られています。また礼拝堂内部の柱頭（柱の上の部分）には、ひとつひとつ異なった聖書の物語を描いた彫刻が施されています。どこかユーモラスな表情や仕草で描かれるタンパンや柱頭の彫刻は、中世の時代、教会の言語であるラテン語を読むことも話すことも出来なかった一般の人々に、キリスト教の世界を見て知ってもらう意味がありました。教会内部は、天井は高いのですが窓が小さくステンドグラスも控えめで、石の色と太陽の光りのために淡いクリーム色に見えます。訪れた時は復活祭のミサが行われており、物質的に静かな空間を聖歌が少しずつ埋めてゆくのはとても心地よいものでした。

ヨーロッパ中が被害を受けた第二次世界大戦後の1946年。ひとりの修道士が、国や文化、言葉の違いを乗り越え、ヴェズレーで平和を祈ることを呼びかけました。ヨーロッパを中心に世界中から4万人もの人々が木の十字架を担いでヴェズレーまで行進したこの運動は、かつてヴェズレーに集結した十字軍にちなんで「平和の十字軍」と呼ばれました。

サント・マドレーヌ教会内部の壁に立てられている、当時の15本の十字架の中に、廃材で作られたものが1本あります。これは「平和の十字軍」に声のかからなかったドイツの兵士達が、ドイツ軍の空爆によって壊された家屋の廃材で作ったものです。かつて自分達の国を蹂《じゅう》躙《りん》した敵国ドイツの兵士達が、自らの意思で十字架を担いで列の最後に加わることを、人々は責めることなく受け入れました。教会左奥の、そのドイツ兵の十字架の前に立つと、参列したドイツ兵とそれを受け入れた人々、その双方の勇気に胸が熱くなります。

ヴェズレーの教会と丘

フランス共和国

［登録基準］①⑥

サント・マドレーヌ教会と小さな街並みは、「フランスのサンティアゴ・デ・コンポステーラの巡礼路」の構成資産としても登録されている。

4000年続いた岩絵で出会う小国

世界遺産に関する仕事をしていてよいなと思うのは、これまで知らなかった国や文化などを知ることができる点です。恐らく世界遺産でなかったら、僕が一生出会わなかったであろう地名などもよく出てきます。しかし、この出会うというのは不思議なもので、知ったことで初めて出会うことができることもあります。例えば南アフリカのレソト王国。恥ずかしながら僕は2013年にレソト王国が世界遺産をもつまで、この国を知りませんでした。世界遺産登録後のある日、テレビでニュースを流しながら洗濯物をたたんでいたら「レソト」という単語が耳に飛び込んできました。「今、レソトって言った！」と思って見ると、アフリカ開発会議か何かのニュースでした。きっとこれまでも「レソト」という国名は何度も僕の耳を流れていっていたのでしょう。しかし、世界遺産登録で「レソト王国」を知ったことで初めて、僕の意識に引っかかったのです。知るって大事です。

レソト王国は、周りを全て南アフリカ共和国に囲まれた内陸の国です。大きさは九州よりも少し小さいくらい、鹿児島県を除いたのと同じくらいの大きさです。国土は全てドラーケンスベルグ山脈の中にあり、世界で唯一、国土全域が標高１４００ｍを超える高地にあるそうです。南アフリカ一帯は、１８０６年にオランダ領から英国領の植民地となりました。それまで住んでいたオランダ系白人を中心とする住民（ボーア人）は、英国の統治と奴隷制廃止に反対して内陸部へと移住していくのですが、そこで現在のレソトの辺りに住むソト族と衝突しました。突然、自分達の土地に侵入してきたボーア人に対し、ソト族はヨーロッパから入手した銃を使って抵抗しましたが、最終的にボーア人と敵対する英国に保護を求めて保護領となりました。

保護領のうちはある程度の権利が認められていましたが、１８７１年に英国のケープ植民地に含まれると状況は一変します。１８８０年にケープ植民地が税金を引き上げ、部族長の権限を減らして白人の入植者へ土地を売却するように命令し、ソト族が銃をもつことを禁じたため、ソト族と植民地政府の間で戦争が起こりました。ソト族は特に銃規制に強く反対したため、この戦争は「銃戦争」とも呼ばれます。この時ソト族に銃を提供したのが、かつて敵対したボーア人が築いたオレンジ自由国でした。つまり敵の敵は味方なんですね。この戦争に勝利したソト族は植民地から、英国の保護領に戻りました。そして１９６６年、レソト王国として英国から独立しました。

そのレソト王国がひとつだけもつ世界遺産が「マロティ―ドラーケンスベルグ公園」です。自然景観の美しさや絶滅危惧種を含む生物多様性が見られることに加え、紀元前2000年から1920年代まで4000年近くサン族が描き続けてきた岩絵が残されていることが特徴です。サン族とは古くから南アフリカ地域で暮らしていた人々で、一時期ボーア人達が侮蔑の意味もこめて名付けた「藪の民」を意味する「ブッシュマン」とも呼ばれていました。レソトでも先住民として暮らしていましたが、19世紀初頭にソト族との争いに敗れて別の地へと移っていました。

この「マロティ―ドラーケンスベルグ公園」はレソト初の世界遺産ですが、もともとは2000年に南アフリカ共和国が複合遺産として登録した「ウクハランバ公園（ドラーケンスベルグ公園）」を、2013年にレソト領まで拡大したものです。南アフリカが登録を目指している時から、同じ自然環境や文化的価値を持ち隣接するレソト側を一緒に保護した方がよいことは指摘されていましたが、当時はレソトが世界遺産条約を批准していなかったこともあり実現していませんでした。

2013年の世界遺産委員会の審議ではこの登録範囲の拡大に注目が集まりました。なぜなら、拡大をして世界遺産登録を目指しているレソトのセサバテーベ国立公園に対して、自然遺産の専門機関ＩＵＣＮは「登録」を勧めたものの、文化遺産の専門機関ＩＣＯＭＯＳは岩絵に関する資料が不十分であることなどから登録の「延期」が相応しいと評価したからです。既に文化遺産と自然遺産両方の価値が認められた複合遺産に、自然遺産の価値しか認められない地域を加えることが可能なのかということです。世界遺産委員会では各国の代表から様々な意見が出ましたが、最終的には岩絵の調査を今後も続けるということで、文化遺産の価値も含めて登録が認められました。

こうしてレソト王国は僕の前に現れたのですが、他にも、教育に力を入れていてＧＤＰの約12％が教育に当てられていること、高い識字率を誇るため海外企業の進出もあり、ＧＡＰやＬｅｖｉ's製品の多くが「メイド・イン・レソト」であること、山岳の地形を利用したダムではなんとサーモントラウトを養殖していて日本にも輸出していることなど、面白いことがいろいろとわかりました。遠くにあるレソトは、実は近い国なのかもしれません。

マロティ-ドラーケンスベルグ公園

南アフリカ共和国／レソト王国

[登録基準]①③⑦⑩

マロティ山脈を含むドラーケンスベルグ山脈の自然環境と、サン族が描いた岩絵が登録されている。岩絵からは儀式や舞踏を行う狩猟民族の生活が窺える。

アルベロベッロのトゥルッリ

屋根がなければ家じゃない？

以前、カナダを訪れた時に驚いたのが、その税金の高さでした。消費税として連邦税と州税で16％ほど上乗せされるので、貧乏学生には結構な痛手でした。その分、社会保障が充実しているのですが、短期間の滞在者にはほとんど関係ない話です。この税金に悩まされているのは現代だけではありません。かわいらしい家が立ち並ぶイタリアのアルベロベッロにも、税金の苦悩をうかがい知ることができるエピソードが残っています。

イタリア南部のプーリア地方では、トゥルッリと呼ばれる石を積んだ円錐形の屋根が特徴の家屋を見ることが出来ます。中でも、アルベロベッロにあるアイア・ピッコラとリオーネ・モンティの両地区にはトゥルッリが集中しており、世界遺産に登録されています。この地方では、先史時代から受け継がれてきた石灰石とカルシウム堆積物を用いた建築法が使われています。ひとつひとつの建物はトゥルッロと呼ばれますが、それが組み合わさるとトゥルッリになります。「o（オ）」という母音で終わるイタリア語の男性名詞は、複数形になると語尾の母音が「i（イ）」に変わるのです。世界遺産「ローマの歴史地区」にある「フォーリ・インペリアーリ（諸皇帝の広場）」も、「フォロ（広場）」の複数形と、「インペリアーノ（皇帝の）」の複数形からなる言葉なので、イタリア語は語尾に注目です。

この地域は、雨が少なく、水場からも遠いだけでなく、石灰岩の大地に鋭い陽射しがさす、開拓農民として入植させられた人々が必ずしも快適に暮らせる環境ではありませんでした。トゥルッリは、そうした環境に人々が対応しながら進化してきたものです。石灰石を積み上げた単純なつくりになっていますが、建材である石灰石は周辺から手に入れやすいもので、二重に積み上げられた石灰石の壁の間には小石が詰められ、厚くなった壁は乾燥した外の大気を遮断し、暑い夏も寒い冬も中の温度を一定に保つ効果がありました。また、雨水は屋根をつたって地下の貯水槽に溜められ、近くに川や池のない厳しい開拓地での生活を楽にしました。そして、最大の工夫が薄く切り出した石灰石をモルタルなどを用いずに積み上げただけの屋根です。

このシンプルな屋根の構造には2つの理由があると考えられています。1つ目は、この地域を治めていた領主が、自分に従わない反抗的な住民の家を簡単に破壊して懲らしめるため。2つ目は、同じく領主が、自身の主君であり当時はスペインの支配下にあったナポリ国王に支払う税金を少なくすますため。この税金の過少申告はどういうことかというと、当時は家屋の数に応じて税金がかかっていたため、領主は国王の徴税人の訪問を知ると、領民に課税対象である家屋を取り壊させ、納税額を少なくしていたというのです。これは17世紀の記録にも残されています。領主のこうした自分勝手な理由で家がたびたび壊されるという苦難を味わってきた人々は、1797年にスペインブルボン家のナポリ王国が直接治める王領地になることを求め、領主のくびきから逃れることができました。その頃から、トゥルッリは作られなくなります。

これはアルベロベッロの歴史の中でよく語られることですが、別の見方もできます。納税拒否のために家屋を破壊させていたという記録が残っている当時の領主、ナポリのアックアヴィーヴァ家ジャンジローラモ2世は、「やぶにらみ」というあだ名をもつ人物であまりよい記録が残されていないのですが、彼が領主の時代にこの地域にはパン屋や製粉所、宿屋などが築かれ街が大きく発展しました。彼の出身のアックアヴィーヴァ家はナポリの名門貴族ですが、当時ナポリ王国はスペイン王に支配され厳しい隷属状態にありました。彼の行いは他国から派遣された国王への反抗とも見ることができます。また、この地が王領地となった頃は、フランス革命後のナポレオンの衝撃がヨーロッパ各地を覆った時代で、アルベロベッロを領有するナポリ王国もナポレオンに対抗する戦争に参加するなど混乱していました。王領地にしたのも市民が国王を倒したフランス革命を見てナポリ国王が恐れたためということも考えられます。

どちらにしろ、翻弄された農民達はいい迷惑です。この地が、ラテン語で「美しい木々の森」を意味する言葉から、「美しい木」を意味する「アルベロベッロ」と名づけられたのはナポリ王国の王領地になったときです。こんな美しい名前の街にも、つらい歴史があったのですね。つらい歴史がかわいらしい街並みを残したともいえるのですが。

アルベロベッロのトゥルッリ

イタリア共和国

[登録基準]③④⑤

南イタリアのアルベロベッロにある、1,500以上のトゥルッリが立ち並ぶ白い街並みが登録されている。トゥルッリの多くは現在も家屋や宿として使われている。

空気から肥料を生み出す世界遺産

『周期律：元素追想』という、なんだか難しそうな題名の小説を初めて手にしたのは大学院生の時でした。反ファシズムの作家である著者のプリーモ・レーヴィは、イタリアの化学者であり、アウシュヴィッツの強制収容所からの生還者でもありました。彼がそれぞれの元素に沿って物語ったこの本は、記憶と元素を結びつけ、忘れがたい余韻を残すものでした。電車で読み終え、深々と雪が静かに舞い降りてくる夜道を歩いていると、仲の良さそうな大学生カップルが手をつなぎ歩いていました。赤信号で隣になると、彼の声が聞こえてきました。「でもそれだとヨウ素の構造が……だから濃縮する前に……」なんと、彼らは肩を寄せ合って元素について話をしていたのです。この偶然のつながりにとても嬉しくなりました。しかし、僕は元素や化学についてちんぷんかんぷんなのです。

２０１５年に登録されたノルウェーの「リューカン・ノトッデンの産業遺産」の説明を読んでいて全く理解できなかったのが、この地でノシュク・ハイドロ社が製造している「空気中の窒素を固定してつくる合成肥料」というところです。空気中の窒素を固定する？　それが肥料になる？　理解できないのは自分の語学力の所為かもと思い調べましたが、どうもこの地では20世紀初頭から空気中の窒素を固定して合成肥料を作っていたそうです。何もない（空気があるのですが）ところから肥料を作るなんて魔法みたいな話です。

20世紀初頭のヨーロッパでは産業革命を経て人口が増加し、食糧となる農作物への需要が拡大していました。農業生産量を上げるためにより多くの肥料が必要となり、様々な肥料が用いられましたが、どれも天然資源を利用していたためにいずれ無くなってしまうことが心配されていました。そこで、ノルウェーの物理学者であるクリスチャン・ビルケランドとサミュエル・エイデは、空気中に存在する窒素分子を窒素化合物に変えて、合成肥料とする方法を考え出しました。この技術を用いて肥料を生産したのが、1905年設立のノシュク・ハイドロ社です。

窒素の固定は、空気中に高電流が流れる電弧《でんこ》を用いるのですが、その発想の元になったのが雷でした。

古くより雷の放電が植物の成長にプラスの影響を与えると考えられており、古代ギリシャの歴史家プルタルコスも落雷した木ではキノコの収穫量が増えたことを書いているそうです。しかし、映画「バック・トゥ・ザ・フューチャー」じゃないですが、雷と同じほどの電力を安く手に入れるのは簡単ではありません。そこで、ノシュク・ハイドロ社はノルウェーの豊富な水資源に注目し、1907年にスウェルグフォス水力発電所を建設して電力を供給しました。この水力発電所は、当時のヨーロッパで最大の発電量を誇りました。その後の1911年にはリューカンに世界最大のヴェモルク水力発電所も作られました。ノルウェーの深い谷や豊富な水流、落差のある滝などがこの産業に相応しかったのです。実際、このような豊富な電力供給ができない他の地域では、ビルケランド達の窒素の固定法は用いられませんでした。ノシュク・ハイドロ社ができた頃は山間の街に過ぎなかったノトッデンやリューカンは、水力発電所や工場、肥料運搬のための鉄道網やフェリー航路、労働者が暮らす企業都市などが整備され、自然と産業遺産が溶け合った独特の景観を作り上げました。

1934年、ノシュク・ハイドロ社は合成肥料を作る過程で出る重水を製品とする、ヨーロッパ唯一の工場を立ち上げました。この工場に目をつけたのが、ナチス・ドイツです。なぜなら重水は、核兵器の開発で重要となる核分裂の際に中性子を減速させてコントロールする物質として有力だったためです。この辺りも僕はちんぷんかんぷんなので物理の専門家の方に聞いて頂くとよいのですが、重要なのはナチス・ドイツが核兵器の開発を進めていて重水の生産拠点を手に入れたいと考えていたということです。

ノシュク・ハイドロ社の工場がナチス・ドイツの手に渡ることを恐れたフランスや英国などの連合国は、ナチス・ドイツがノルウェーに侵攻する直前に工場からフランスへと重水を運び出すと共に、工場の破壊を計画し、1943年に英国とノルウェーの特殊部隊が工場の破壊に成功しました。そして、ナチス・ドイツが工場から運び出そうとした重水も運搬船ごと湖に沈め、ナチス・ドイツの核開発を阻止したのです。まるでトム・クルーズが出てくる映画の様な話ですね。ナチス・ドイツが核兵器を開発していたらと思うとぞっとします。

リューカン・ノトッデンの産業遺産

ノルウェー王国

［登録基準］②④

豊かな自然環境の中に、合成肥料産業の生産から輸出、労働者の生活まで全てが保存状態よく残されている点が、類まれな産業景観として評価された。

アル・ヒジルの考古遺跡（マダイン・サレハ）

神を信じず呪われた街

昔、カナダに短期語学留学をしたことがあります。世界中から留学生が集まっていた大学附属の語学学校に、サウジアラビアから来た少し年上の男性がいました。彼はゆったりと物腰が柔らかく、街中で会っても混雑したショッピングモールで会っても、必ず立ち止まって握手をしながら丁寧に挨拶をしてくれました。彼は僕にとって初めての中東出身の、イスラム教徒の友人だったので、僕のイスラム教徒のイメージに今でも影響を与えています。彼はサウジアラビアでも裕福な家柄らしく、「帰国したら妻を何人か迎えなければならない、気が進まないのだけれど社会的な責任なので仕方ない」と言っていたことを覚えています。サウジアラビアの女性の人権についてネガティヴな話は当時でも聞いていましたが、そこでイメージしていた一夫多妻とは違っていて驚きました。

サウジアラビアは、イスラム法であるシャリーアに厳しく従うイスラム教スンニ派の国です。国としてイスラム教以外の信仰を認めていないため、国民は全員イスラム教徒ということになっています。またイスラム教にとって最も大切な聖地であるメッカがあるために、世界中のイスラム教徒にとっても重要な地域と考えられています。こうしたイスラム教の中心地の一つといえるサウジアラビアですが、2008年にサウジアラビアで最初の世界遺産として登録された「アル・ヒジルの考古遺跡（マダイン・サレハ）」は、イスラム教のものではなく、イスラム教が誕生するよりもずっと古い時代に作られたナバテア王国の遺跡でした。それも、イスラム教の聖典「クルアーン（コーラン）」の中で、呪われた場所とされている遺跡なのです。

「アル・ヒジル」とは「岩の多い場所」という意味で、かつては「ヘグラ」と呼ばれていました。アル・ヒジルにはいくつもの巨大な岩山と、紀元前1世紀から後1世紀頃にかけてナバテア人が岩山を削って作ったいくつものお墓が残されています。岩を削って作ったお墓と言っても、僕達がイメージするような墓石ではなく、まるで宮殿の入り口の様な装飾が施された巨大なお墓です。ナバテア人はアラビアと地中海世界を結ぶ香辛料などの交易で栄えた遊牧の民で、ヨルダンのペトラを中心に王国を築きました。彼らは、メソポタミア地方のアッシリアやギリシャのヘレニズム文化などの影響を受けていて、岩山を削ってギリシャの神殿の様な美しいお墓や、階段紋様の施されたお墓などを築きました。

ナバテア人の遺跡で一番有名なものが、映画「インディ・ジョーンズ／最後の聖戦」のラストシーンに登場した、ヨルダン・ハシミテ王国のペトラにあるアル・カズネです。アル・ヒジルは、それに次ぐ大きさの都市遺跡なのです。こうした美しく巨大なお墓からも、ナバテア王国の繁栄を知ることができます。しかし、海上ルートが交易の中心になると砂漠の交易ルートは次第に使われなくなり、2世紀初頭にはローマ帝国によって征服されてしまいました。

それから約500年後の7世紀初頭に生まれたイスラム教の聖典の中に、アル・ヒジルが登場します。アル・ヒジルに神から遣わされた預言者サレハは、人々に唯一の神であるアッラーのみを信仰するように説きました。しかし、人々はサレハの言う事に聞く耳をもたず、神から遣わされた証拠を見せろと言い出します。「神の遣いだっていうのに天使を連れてないじゃないか！」なんて、ほとんど言いがかりです。神の祝福によって岩山や岩の谷間に素晴らしい家を建てることが出来たというのに、謙虚な心を失っていたのです。そこでサレハは、神の遣いの証拠として岩の割れ目からラクダを出しましたが、謙虚な心を失った人々はそのラクダを殺してしまいました。それを知った神は罰としてアル・ヒジルに雷を落とし、地震を起こして街を滅ぼしてしまいました。岩山に築いた頑丈な家も謙虚さを失った人々を守ってはくれませんでした。後に残されたのは岩山に掘られた遺跡と預言者サレハ、それにサレハの言葉を信じてイスラム教徒になったわずかな人々だけ。そのためアル・ヒジルは、「サレハの街（マダイン・サレハ）」とも呼ばれています。

このクルアーンの中のメッセージは、謙虚さが重要であるというイスラム教の大切な教えを示すものです。その一方で、砂漠にありながら地下水が豊富で農業も行われていたアル・ヒジルが、巨大な遺跡を残して滅んだことを、後世の人々が何とか理解しようとした結果のようにも感じられます。

サウジアラビア政府が、サウジアラビア最初の世界遺産にこの地を選び、観光客の誘致にも力を入れているのは、アラビア半島の長い歴史と、イスラム教の教えをよく示す場所だからなのでしょうね。イスラム教の人々には呪われた街として、観光するにはまだ心理的なハードルが高いみたいですが、僕にはとても興味がある世界遺産です。

アル・ヒジルの考古遺跡（マダイン・サレハ）

サウジアラビア王国

［登録基準］②③

ナバテア人が築いた4つの大規模な墓地と美しく装飾された墓石群、用水路、貯水槽などの他、ナバテア文明以前の岩絵や碑文なども残されている。

美しい王妃が歴史を動かした城

フランス語で「運命の女性」を意味する「ファーム・ファタール」という言葉を聞いたことはありますか？　男性を魅了して虜にし、やがて破滅へと導く女性「ファーム・ファタール」は、19世紀のデカダンスという、キリスト教的な価値観に懐疑的な芸術活動の中で生み出されたモチーフです。歴史上には、クレオパトラや楊貴妃など多くのファーム・ファタールが存在しました。男性は抗いがたい魅力を持った女性に弱いのです。インドのメーワール王国の王妃ラーニ・パドミニもそのひとりです。

インドの北西部にあるラジャスタン州は、パキスタンと接するインド最大の州です。この地域では、7世紀後半頃からメーワール王国やアンベール王国など、ヒンドゥー教のラージプート諸族の王国が乱立する時代が何世紀も続きました。彼らが築いた丘陵城塞群は今も残され、川や崖、森などの自然をうまく防御に取り入れた造りを見ることができます。その後、中央アジアのイスラム教の国家がインドへの侵入を繰り返すようになると、1206年にはとうとうインド最初のイスラム王朝である奴隷王朝が開かれました。王朝を開いたスルタン（王）が、かつてイスラム王朝の奴隷兵士であったためにそう呼ばれました。しかし、メーワール王国などはこの間もイスラム勢力に抵抗を続け、チットルガルを首都とする小さな王国を守り続けました。ここにパドミニが登場します。

パドミニはスリランカ王国の王女でした。ある日、メーワール王国の王ラタン・シングの元にヒラマンという名のオウムが飛んできて、スリランカ王国に世にも美しい王女がいることを話します。それを聞いたラタン・シングはスリランカ王国に攻め込みパドミニを奪うと、チットルガル城塞まで連れ去ってきてしまいました。その後ふたりは結婚して、パドミニはメーワール王国の王妃となります。

しかし、これで話は終わりません。やがてパドミニの美しさは周辺諸国でも噂されるようになりました。噂の出所は、オウムのヒラマンが怪しいと僕は思っています。ある時、その噂を聞きつけたイスラム教国ハルジー朝のスルタンであるアラウッディー

ン・ハルジーが、パドミニを自分の王妃とするため奪おうと軍勢を率いてチットルガル城塞を取り囲みました。戦士として名高いラージプート族の王であるラタン・シングも美しい王妃を手放したくないので激しく抵抗します。どうしても城塞を攻め落とすことができないアラウッディーンは、「王妃の姿をひと目見せてくれたら兵を引き上げるから、少しだけでも会わせて欲しい」とラタン・シングに伝えました。もうどれだけ女好きなんだって感じがしますね。こんな戦で死んでいった兵士達が哀れでなりません。一方でラタン・シングも強大なハルジー朝の攻撃に手を焼いていたので、ちらっと見るくらいで手を引いてくれるならいいかと、水面に映るパドミニの姿を遠くからアラウッディーンに見せました。しかし、さすがファーム・ファタールのパドミニです。水面に映った姿すら美しすぎてアラウッディーンの心を奪ってしまい、恋の力で勢いづいた彼は約束を破って大軍勢でチットルガル城塞を攻め落としてしまいました。ラタン・シングはその戦いの中で命を落としてしまい、悲しんだパドミニは、アラウッディーンが城塞を攻め落とす前に火の中に身を投げて命を断ってしまいました。

世界遺産に登録されているチットルガル城塞には、パドミニが水面に姿を映した水上の宮殿や、身を投げたとされる場所も残されています。しかしこのパドミニの物語、歴史的な根拠はほとんどなく、様々なバリエーションがあります。ラタン・シングがアラウッディーンに囚われている間に、クンバルガル城塞の王がパドミニに求婚し、帰国したラタン・シングと決闘になって2人とも命を落としてしまった。その隙にアラウッディーンがチットルガルに攻め入るものの、寸前でパドミニが自ら命を絶つというものもあります。どうも、アラウッディーンがチットルガルを攻め落としたというところだけが史実のようです。

ならば、このパドミニの物語は何だったのかというと、ヒンドゥー教の国であるインドが外敵であるイスラム教の国に勇敢に抵抗し、王妃は夫に忠誠を誓って純潔を守ったという民族主義的な物語の美しく悲しいヒロインにふさわしかったのでしょう。ヒンドゥー教には戦争に負けそうになった国の女性が自ら命を断つジョウハールという慣習があり、実際に多くの女性の墓が残されています。これこそ悲しい物語ですね。

ラジャスタンの丘陵城塞群

インド

[登録基準]②③

チットルガル城塞やクンバルガル城塞、アンベール城塞など6つの城塞が、ラージプート諸族の歴史や豊かな宮廷文化を伝えるものとして登録されている。

彩色豊かな外壁に隠されたひみつ

16世紀末に即位した神聖ローマ帝国皇帝ルドルフ2世は、宗教政策などで一貫性を欠き各地で反発を招くなど政治的には「残念な人」という評価ですが、文化芸術面では教養も理解もあり、その成熟に大きく貢献しました。彼は好奇心旺盛だったのです。野菜や果物を組み合わせて顔を描いた絵で有名なジュゼッペ・アルチンボルドを宮廷画家として可愛がり、カトリックの王でありながらカトリックが否定する地動説を一歩前にすすめたヨハネス・ケプラーを宮廷天文学者（宮廷付占星術師）として支援しました。

そのルドルフ2世が強い関心をもち、2人の錬金術師を派遣してまで調べたのが、「モルドヴァ地方の教会群」として世界遺産登録されているヴォロネツ修道院です。彼はこの修道院の壁画に使われている青色に魅了され、その青色を再現しようと破片を切り取って持ち帰り調べさせたのですが再現できませんでした。その「ヴォロネツの青」と呼ばれる色は、今でも再現できないとされています。

ヴォロネツ修道院は、ルドルフ2世が錬金術師を派遣する約100年前の15世紀末に、モルダヴィア公国の最盛期を築いたシュテファン大公がわずか4カ月という短い期間で建設したものです。1359年に建国したモルダヴィア公国は、トルコのオスマン帝国による侵攻に長い間脅かされてきました。その中で1457年に即位したシュテファン大公は、オスマン帝国に対抗し何度も勝利を挙げることで名を馳せます。そしてオスマン帝国軍を打ち破るたびに神に感謝する教会を建築しました。この地域にはシュテファン大公を始めとする領主達が、15～16世紀にかけて築いた教会が残されています。

この教会群の特徴のひとつが、教会の内側と外側の壁両方に描かれた壁画です。フレスコ画の壁画は建物内部に描かれるのが普通ですが、ここでは教会の外側の壁一面にもびっしりと描かれています。これは数多く世界遺産登録されているキリスト教関連の遺産の中でも珍しいものです。雨や風にさらされているだけでなく、雪も多い地域で温度変化も大きいので、劣化が進んでいるところも多くありますが、建物全体を絵画が覆う姿は独特の美しさがあります。

教会というのは、神や聖人に捧げるだけでなく、人々にその存在や神聖さを伝えるという意味もありました。そして教会に描かれる絵画やレリーフには、キリスト教の教えや聖書の物語などを、文字が読めない人に見て分かってもらうという目的もあります。当時の教会や知識人はラテン語を使っていたため、地域語を使う一般の人々とコミュニケーションを取るのすら難しかったからです。そのため、絵やレリーフで伝えるというのは有効な手段でした。「モルドヴァ地方の教会群」の壁画にもキリスト教絵画の有名なモチーフである「天地創造」や「最後の審判」、アダムとイヴの物語、イエスの家系図を絵画的に表現した「エッサイの木」、天国への梯子《はしご》などの他、聖人達がキリスト教東方正教会のイコンの技法で描かれました。イコンとは、キリスト教の聖人や天使、聖書の物語などを描いたもので、正教会ではイコンを通して神の世界とつながる窓のようなものでした。こうした壁画からは、イエスの受難を自分達の境遇と重ね合わせ、神に感謝する気持ちが伝わってきますよね。しかし、ここの壁画のモチーフはこれだけではありません。

モルドヴァ地方の教会群のもうひとつの特徴が、壁画のなかにターバンを巻いたイスラム教徒のトルコ兵がキリスト教徒を襲う姿や、トルコ兵達が地獄の炎で焼かれる姿などが描かれている点です。モルダヴィア公国の人々がいかにオスマン帝国を恐れていたのかがよくわかります。「こんな怖い思いをさせるあいつらは地獄に落ちるに決まっている！　そうですよね、神様？」という彼らの不安が伝わってくるのです。こうした絵を教会の外の壁にまで描いているのは、地域の人々の精神的な安定と一体感のためだったのだろうと思います。また異教徒との戦争に勝ったことでの高揚感もあったのでしょう。

ヴォロネツ修道院の南側の壁には「最後の審判」が描かれています。「最後の審判」は、世界の終わりにイエス・キリストが現れて、人々の行いによって天国に行くのか地獄に行くのかを裁く、閻魔《えんま》大王のようなエピソードを描いたものなのですが、そこで地獄に落ちて炎に焼かれている人々の中に多くのトルコ兵がいます。そして緑色に特徴があるスチェヴィツァ修道院では、聖人達が天国への梯子を多くの天使に導かれて上っていくのとはっきり対比させて、梯子からこぼれ落ちる人々を地獄に引きずりこむ悪魔を、イスラム教徒のイメージで描いているそうです。こうしたオスマン帝国のトルコ人の姿は、16世紀初頭にモルダヴィア公国がオスマン帝国の支配下に入ると描かれなくなりました。今はのどかなこの地域の歴史を垣間見ることができる貴重な壁画なのです。

モルドヴァ地方の教会群

ルーマニア

[登録基準]①④

中世モルドヴァ美術の最高峰と称される8つの教会。内壁も外壁も美しいフレスコ画で埋め尽くされ、屋根の庇《ひさし》は外壁の絵を守るよう大きくなっている。

現代でも蛇神が降臨するピラミッド

ピラミッドって不思議ですよね。有名なエジプトのギザのピラミッドや、メキシコのテオティワカン、グアテマラのティカルなど、世界各地に同じようなものが作られています。イタリアのローマにも古代ローマの執政官の墓として作られたピラミッドがあります。これは古代エジプトに憧れて作らせたものなので、ちょっと意味合いが違いますが、それでも古くから人々を惹き付ける「何か」があったことは確かです。シンプルなデザインだけでなく、未だに多くの謎に包まれている点も魅力的なのかもしれません。

メキシコのチチェン・イッツァには、バランスの取れたシルエットと、天文学が生み出した神秘的な現象から人気を集めているピラミッドがあります。メキシコの東の端に小さく突き出たユカタン半島にあるマヤ文明のチチェン・イッツァは、マヤ語で「チチェン」が「泉のほとり」、「イッツァ」が「水の魔術師（イッツァ人）」という意味で、ユカタン半島最大級のセノーテ（地下泉）のほとりに築かれていました。状態よくのこされている反面、いまだ多くの謎に包まれた遺産でもあります。5世紀中頃にマヤ系のイッツァ人が築いたと考えられていますが、彼らは7世紀頃に一度都市から姿を消しました。その後、10世紀初頭にトルテカ文明の影響を受けたイツァ人の子孫が再びこの地を訪れ都市を再興しました。そのため、10世紀以前の遺構が多く残る「旧チチェン」と、10世紀以降の遺構が多く残る「新チチェン」とに分けられています。その新チチェンにあり、チチェン・イツァを代表する建物が「エル・カスティーリョ」と呼ばれるピラミッドです。

エル・カスティーリョとは、スペイン語で「城塞」という意味で、この地を征服したスペイン人がこのピラミッドを見て城塞だと勘違いしたため名付けられました。実際は、最上部に創造神ククルカンを祀る神殿です。この神殿では春分と秋分の日に神秘的な出来事が起きます。北北東にある中央の階段の一番下には、羽をもつ蛇の姿をしたククルカンの顔が彫られているのですが、春分と秋分の日にはその階段にピラミッドの段差の影がジグザグに映って、まるで羽をもったククルカンが天から降りてきたよ

うに見えるのです。王は天体観測や暦の知識を用いて神秘的な現象を人々に示し、自らの権威を高めていました。

2016年の調査で、高さ30mのエル・カスティーリョの中に別の小さなピラミッドがあることが明らかになりました。1930年代には、現在のピラミッドの内側に高さ17mほどの小さなピラミッドが隠れていることが判明していましたが、その更に内側に、高さ10mほどのより小さなピラミッドの存在が報告されたのです。まるで人形の中からどんどん小さな人形が出てくる、ロシアのマトリョーシカのようです。一番小さなピラミッドは発掘ではなく、電気信号を地下に送りその反射を3D画像にして調べる技術で調査したため、詳細はまだわかっていません。この技術はもともとはメキシコ・シティの地盤沈下を調査するために開発された技術でしたが考古学調査にも活用されるようになりました。

調査で明らかになったのが、一番小さなピラミッドはその外側の2つのピラミッドの中心からずれて、セノーテの方角を示していたということです。チチェン・イッツァの南北にはセノーテがあり、その2つを結ぶ直線上にエル・カスティーリョはありますが、2015年の調査ではその真下の地下にも大きなセノーテが見つかりました。これは東西にあるセノーテとも地下河川でつながっており、エル・カスティーリョの地下で東西南北のセノーテが結びついていたのです。一番小さなピラミッドを造った人々はそのことを知っていたのではないかと考えられています。また、現在のエル・カスティーリョとすぐ下のピラミッドが天体の動きを意識した作りになっているのに対し、一番小さなピラミッドは角度がずれていることから、目的が少し異なっていたのではないかとも考えられます。セノーテを重視するのか、天体やククルカンを重視するのか。

ユカタン半島は石灰質の大地のため降った雨がすぐに地中に染み込んでしまいます。また川も流れていないため、セノーテは非常に貴重でした。一方でククルカンはマヤの神話に登場する創造神ですが、トルテカ文明の影響を強く受けた神でもあります。ピラミッドの角度から文化・信仰的な変遷まで想像がふくらむなんて面白い。マトリョーシカの様なチチェン・イツァのピラミッドを、少しずつ開けていったら、この地のマヤ文明の歴史がどんどん明らかになるかもしれませんね。

チチェン・イツァの古代都市

メキシコ合衆国

[登録基準]①②③

旧チチェンにある天体観測所のカラコルや、新チチェンの戦士の神殿、球戯場などが登録され、マヤとトルテカの文明が融合した歴史を伝えている。

チョコレートに関係する世界遺産はある?

世界中の人々を魅了するチョコレートですが、原料のカカオ豆に関係する世界遺産は今のところありません。

カカオはもともと、紀元前から中央アメリカで、儀式などの時に神に捧げたり王侯貴族が口にする貴重なものでした。16世紀にスペインの征服者が本国にもち帰ると、粉にしたカカオに砂糖やミルク、シナモンなどを加えて飲みやすく改良され、ヨーロッパ各地で大人気となりました。しかし、アステカ文明で大切にされてきたカカオが、ヨーロッパ各地で食されるようになるとカカオ豆の絶対量が不足します。そこでヨーロッパの国々は、新大陸にアフリカから奴隷を連れて行き、カカオ豆と砂糖のプランテーションを始めました。カカオ栽培は、単なる交易品の栽培へと変わりました。

その後、先住民労働者の減少や貿易コストの削減などから、カカオの生産地は新たな植民地であるアフリカに移りました。地域文化やその歴史と関係なく、カカオ豆が栽培できる気候で生産コストが抑えられる場所であればどこでもよかったわけです。カカオ栽培の景観はそうしたことから、地域文化に根付いた独自の景観になっていないということが、世界遺産に登録されていない理由なのかもしれません。

第3章

崖っぷち世界遺産のひみつ

進化なのか、破壊なのか

モーツァルトのピアノソナタ第11番をご存知ですか？　3楽章がエキゾチックなリズムと旋律で「トルコ行進曲」と呼ばれている曲です。モーツァルトはヴァイオリン協奏曲第5番の3楽章でも「トルコ風」とされる旋律を使っていて、トルコの音楽がモーツァルトにずいぶん影響を与えていたことが分かります。19歳の時に書かれたヴァイオリン協奏曲のほうがインパクトのある旋律になっている気がします。しかし、こうしたトルコの影響を受けたのはモーツァルトだけじゃなかったんです。

16～17世紀にかけて、強大な力を誇るトルコのオスマン帝国がヨーロッパの地を東から狙っていました。その矢面に立っていたのが中欧の国々です。中でも、モーツァルトが活躍したウィーンは、都市の周囲を2度もオスマン帝国軍に包囲され、あわや陥落か？　という危機に直面していました。イスラムのオスマン帝国軍は軍楽隊を連れており、彼らが奏でるメフテルと呼ばれるエキゾチックな音楽が城壁の外から聞こえてくるのを、ウィーンの人々はどんな思いで聞いていたのでしょう。

オスマン帝国は、当時のヨーロッパの人々に大きな恐怖と同時に、異国文化への関心を呼び起こしました。トルコ風の音楽やコーヒー文化などが受け入れられていきました。怖いもの見たさというやつでしょうか。だからといってオスマン帝国に国家を明け渡すわけにはいきません。ウィーンはオスマン帝国に包囲されるたびに都市を囲む城壁を強化していきました。中世のヨーロッパでは都市の周囲を城壁（市壁）が囲んで都市の内側と外側がはっきりと区別されており、城壁は自立した都市のシンボルでもありました。

19世紀初頭、ハプスブルク帝国の帝都であったウィーンは人口が急増していました。城壁のために都市を広げることができないため、内部は建物や人でもうぎゅうぎゅう詰めでした。内部を守ってくれる城壁は、都市の発展を妨げる「壁」でもあったのです。そこで、皇帝フランツ・ヨーゼフ1世は城壁を取り除いて近代的な都市へと生まれ変わる都市改造計画を決定します。都市のシンボルを破壊するな

んてずいぶん大胆な計画ですが、パリが都市の大改造で成功したのを彼は知っていました。それに加え、帝都でありながら自立した歴史をもつ都市としてしばしば皇帝と対立するウィーンを、帝国の中で位置づけし直す意味もありました。

1858年から城壁の解体が始まると、跡地にはリンクシュトラーセと呼ばれる広々とした環状道路が築かれ、環状道路の周りには、新たに市庁舎や議会議事堂、アール・ヌーヴォー様式のカールスプラッツ駅の駅舎などが築かれました。近代建築の巨匠のひとりオットー・ワーグナーが設計したカールスプラッツ駅の駅舎は、後に取り壊しの危機に直面しますが、当時は時代の最先端をいくデザインでした。こうして今も見られる、中世から近代の建築が混在する独特な歴史的都市景観が完成しました。この都市改造が世界遺産としても評価されています。

しかし、こうした都市の大改造を経たウィーンですが、現在、新たな都市開発計画が問題となり、危機遺産リストに記載されています。世界遺産の登録範囲内で進められている、ウィーン・アイススケートクラブとインターコンチネンタル・ホテルの再開発が、都市の景観を破壊するものだと判断されたのです。問題になったのがその高さでした。「美しい眺め（ベルヴェデーレ）」という名前をもつベルヴェデーレ宮殿から眺めると、その視線の先に、伝統的な街並みの中からぽっこりと近代的な建物が頭を覗かせるような計画だったからです。これは「ブルットヴェデーレ（ひどい眺め）宮殿」と改名すれば済む問題ではありません。ウィーンでも市民を二分して大きな論争となりました。

開発賛成派は、都市は生きているので変化していくものだということに加え、開発によって新たな雇用が生まれ海外からの投資も呼び込めるという意見です。反対派は、先人から守り伝えてきた景観を破壊することは都市の文化や住民の生活の質を下げるだけでなく、訪れる観光客の満足度も下げてしまうという意見です。これはどちらが正しいというわけではないので、結論を出すのが難しい問題です。雇用問題や住民の高齢化などを言われると反対しにくいところもありますし。現在は、ウィーン市が再開発に積極的であることもあり、再開発の方向に傾きつつあります。もしかすると近い将来、ウィーンは世界遺産ではなくなってしまっているかもしれません。

ウィーンの歴史地区

オーストリア共和国

[登録基準]②④⑥

ウィーンの旧市街とリンクシュトラーセ周辺の都市改造と、中欧に位置することでみられる文化交流の歴史や芸術の都としての価値が評価されている。

サン・テミリオン地域

温暖化が奪うかもしれない世界遺産の座

大学院時代の友人の影響もあって、旅先で造り酒屋があると覗いてみたくなります。日本酒について詳しくないのですが、ご主人の話を聞きながら試飲させてもらっていると、その地の気候風土がこの地酒を作り上げているのだなと納得します。だってご主人はどなたも地元の気候風土に詳しく、それが地酒にも反映されているように感じるからです。しかし、そうした文化を育んできた気候風土が今後大きく変わってしまうかもしれません。

2014年に「国連気候変動に関する政府間パネル（IPCC）」から出された報告書で、地球温暖化の影響がすべての大陸と海洋で生じていると警鐘が鳴らされました。陸上の気温が1980年代頃から大きく上昇し、過去1400年間で最も高い気温を保ち続けていること、北極域の海氷面積が1980年代頃からかなり減少していること、海面の水位の上昇率が20世紀初頭から上がってきていることなどが報告されています。これが人類の経済活動による温室効果ガスの影響なのか、地球全体のサイクルなのか、確実な原因は分かっていません。しかし、中世でも一部の地域で気候異常があったものの、現在のように多くの地域で一貫性をもって発生したものではなかったことを考えると、ＩＰＣＣの報告にもあるように、経済活動（人間活動）の要因が大きい気がします。また、報告書では同時に、温暖化により農作物の収穫量の減少や、それによる農作物価格の高騰、資源を巡る紛争、集中豪雨や旱魃など自然災害の増加などが起こるとされています。まさにディストピア的な状況です。

科学雑誌「エンヴァイロメンタル・リサーチ・レターズ」に掲載された、世界遺産と気候変動の関連を論じる２０１４年の論文によると、調査した文化遺産と複合遺産の７２０件のうち、気温が３℃上昇すると１３６の遺産が水没し、５℃上昇すると１４９の遺産が水没するとしています。実際、パラオ共和国などは海面が１９９３年以降、毎年９㎜も上昇しており、国土自体が水没してしまうのではないかという深刻な状態にあります。当然、その時はパラオの世界遺産「ロック・アイランドの南部ラ

グーン」は水の中でしょう。また気候変動は、海面上昇だけでなく地球環境を大きく変化させます。フランスの「サン・テミリオン地域」がブドウの生産に適さなくなれば、その文化的景観としての価値は損なわれます。ブドウがだめならマンゴーにしたら？　という単純な問題ではありません。

サン・テミリオンは、ボルドー地方のドルドーニュ川右岸に続く小高い丘にあり、起伏のある丘陵地帯が特徴です。穏やかな海洋性気候と大陸性気候を併せもっており、水も豊富なため、古代ローマ時代からブドウが栽培されてきました。8世紀にキリスト教の修道士である聖エミリオン（サン・テミリオン）がこの地の洞窟で修道生活を送ったことが街の始まりです。そのため聖エミリオンは街の守護聖人になっています。その後、この地を通過するサンティアゴ・デ・コンポステーラへの巡礼者達が、サン・テミリオンのワインの美味しさを広めたために、ワインの名所として有名になりました。現在、ワイン用のブドウ栽培の景観はいくつか世界遺産に登録されていますが、その栄えある第1号になったのが「サン・テミリオン地域」でした。

そのサン・テミリオンも気候変動の影響を受け始めています。２０１７年には4月後半の霜害によって多くのブドウの新芽が凍死するなどの被害がでました。生産量が8割近く減ったシャトー（ワイン醸造所）もあるそうです。温暖化によって発芽が早くなり、そこに夜間の急な気温低下があったことで霜害が大きくなりました。生産者達は、空気をかきまぜるためにヘリコプターを飛ばしたり送風機を設置したり、気温が下がり過ぎないように畑にロウソクを灯したりするなど対策を練っていますが、効果は未知数です。また温暖化による影響は、アルコール度数が上がり伝統的な味が変化するだけではありません。サン・テミリオンのあるボルドーで最も広く植えられているブドウ種「メルロー」は特に温暖化に弱く、他のブドウ種に植え替えられる可能性もあるそうです。

気候の変化は地域の気候風土に育まれてきた文化も変化させます。文化も風土も変化してゆくものだという文化概念の想定を超えた、急激かつ劇的な変化が起こる可能性があるのです。現在のワイン産地の73％が２０５０年までに失われるという試算もあります。地球温暖化や海面上昇のみを原因とする危機遺産はまだありませんが、もしかすると今後、そうしたものが増えてくるかもしれません。

サン・テミリオン地域

フランス共和国

［登録基準］③④

高低差のある地形に広がるブドウ畑と、モノリス教会などの中世の街並みからなる景観が「文化的景観」を作り上げていることが高く評価された。

ウランのために築かれた国立公園

2011年3月11日。地震と津波の被害の大きさを知ったのは、25㎞ほどを歩いて帰宅して見た、テレビの中で繰り返される映像からです。あの震災に衝撃を受けた人々の中に、オーストラリアの「カカドゥ国立公園」の近くに住む、先住民アボリジニの人々もいました。彼らが衝撃を受けた理由は、彼らの土地で採掘されたウランの多くが日本に輸出され、それが原発事故での被害の大きさと結びついて考えられたからでした。

カカドゥ国立公園は1981年、オーストラリア最初の世界遺産の1つとして登録されました。この地では、4万年以上も昔から人々が暮らしてきました。アボリジニの人々は文字をもっていなかったため、彼らがどのような生活を送ってきたのかについては謎も多い反面、彼らの生活を雄弁に語る壁画が多く残されています。壁画では、弓矢などを使って彼らが行ってきた狩りの様子や、カンガルーやカメ、ワニなど様々な生き物の姿、バッファロー狩りをする白人の姿など、アボリジニの生活や文化、周囲の環境などが記録されていました。ノーランジー・ロックと呼ばれる場所には、雨季の激しい雷雨をあやつる雷の精霊ナマルゴンやその妻のバラギンジ、天地を創造した祖先のひとりで後にオオワニへと化身したナモンジョク、「虹の蛇」など、アボリジニの神話的な世界も描かれています。顔料の岩への染み込む具合によって、描かれた年代が分かるそうです。

アボリジニは広い土地を移動しながら狩りをしたり植物や木の実などを集めて生活していたので、壁画が残る場所も、多くは「生活の場」ではなく、自分達の生活と自然のつながりを感じさせる場所であり、儀礼などを行う神聖な場所だったと考えられています。また、雨季の到来などの季節の移り変わりや、野生動物や天然のハーブなどを調理したアボリジニ伝統の食事「ブッシュフード」に使う素材の食べごろなどを示す、生活の知恵がつまった場所でもありました。

カカドゥ国立公園の壁画にはもうひとつ面白い特徴があります。それが、ウビル・ロックと呼ばれる場所などに残る「X線画法」と呼ばれる方法で描かれた壁画です。動物などの絵に、まるでX線写真で撮ったように、骨格や内臓までが描かれているものがあるのです。これらのX線画法の壁画の多くは、描かれてからまだ1500年も経っていません。儀式や食生活などで重要な部位を伝える意味があったのだろうと考えられています。

この地が国立公園となったのは、こうしたアボリジニの文化や歴史と結び付いていたからだけでなく、この地で発見されたウランの採掘を進めるのに必要だったためでした。「ウランの採掘のために国立公園にする？　逆で採掘させないためじゃないの？」って思いますよね。これにはオーストラリアの歴史が関係しています。１７８８年からオーストラリアには英国の入植地として多くの白人が移り住んできたため、アボリジニは土地を奪われていきました。１９６０年代に本格的に始まったアボリジニの土地権回復の運動によって彼らの権利が少しずつ認められていきましたが、同時期にカカドゥの辺りではウランの鉱《こう》床《しょう》が発見されていて、政府としては経済発展のためにウランの採掘も進めたいという考えがありました。

そこでオーストラリア政府は、アボリジニの土地権回復とウラン開発を両立させる案を考え出します。土地の権利をアボリジニに戻すと同時に、アボリジニに国立公園庁と99年間の借地契約を結ばせて、国立公園に指定したのです。こうして１９７９年にアボリジニの土地権が初めて認められた国立公園となりましたが、このときにレンジャーやジャビルカ、クーンガラなどのウラン鉱床は、国立公園の中でぽつんぽつんと穴が空いたように国立公園の指定からはずされ、ウランの採掘が進められることになりました。巧妙に悪いことを考えついたものですね。

もともと、アボリジニには土地を所有するという考え方がありませんでした。人間も動植物も精霊もみんな同じくその土地と結び付いて生活しており、人間はその土地の神話を受け継いで儀礼を行うことによって、土地の世話をしているに過ぎないと考えていました。境界線を引いてその中の土地の権利を認めるという西洋的な考え方には馴染みがなかったのです。

やがてウランの採掘による環境破壊や汚染が問題になると、アボリジニはウラン採掘の停止を求めて運動を起こします。多くの聖地がある場所が破壊されることへの反発でした。1990年代にはユネスコへも働きかけが行われ、危機遺産リストへの記載も視野に入れた議論が行われました。その後、登録範囲地域の変更や拡大が3度も行われ、2011年にはクーンガラ鉱山のあった地区が世界遺産の登録範囲に含まれました。レンジャーとジャビルカも採掘が中止されています。まだまだ近くには採掘を続ける鉱山があるなど課題も残されていて目が離せませんが、大きな前進だったと思います。

カカドゥ国立公園

オーストラリア連邦

[登録基準]①⑥⑦⑨⑩

オーストラリア大陸の北の端にある国内最大の国立公園。様々な自然環境や固有の生態系などが見られる他、アボリジニの歴史を伝える壁画などが残る。

プレア・ビヒア寺院

地図が1枚とは限らない？

世界遺産は、世界中の文化や歴史、自然環境に出会い知るためのシンボルとしての価値が重要です。それが世界の多様性を知り、文化財や自然の保護にもつながるわけです。ユネスコの活動理念の中に、様々な活動を通して各国が互いに知り合い理解し合うことで平和な世界を築くというものがあります。その意味で、世界遺産は平和な世界を作るためにあるとも言えます。そんな平和のための世界遺産登録が、逆に紛争の引き金となってしまったのが、カンボジアの「プレア・ビヒア寺院」です。

プレア・ビヒア寺院は、第1章で紹介したアンコール・ワットと同じアンコール朝が9世紀末に築いたヒンドゥー教の祠堂《しどう》が起源と考えられています。その後、11世紀初頭からアンコール朝のスーリヤヴァルマン1世と2世が改築を行い、多くの巡礼者が訪れる聖地として栄えました。アンコール朝は、12世紀末から13世紀初頭にかけて、城塞都市アンコール・トムを築いたジャヤヴァルマン7世の時代に現在のタイ東北部やヴェトナムまでも含む巨大な王朝となりましたが、1431年にタイのアユタヤ朝によって首都アンコール・トムが陥落すると、アンコールの遺跡群のある一帯や、プレア・ビヒア寺院のある辺りは全てアユタヤ朝の領土となりました。

　そこから19世紀半ばまでこの地域はタイの支配下にありました。その後、植民地拡大を狙うフランスが進出してくると、タイは次々と領土を失います。そして1896年、同じく植民地拡大を狙っていた英国とフランスは衝突を避けるために、タイとその周辺を緩衝地帯とすることに決め、タイは独立国として残ることが決まりました。タイが独立を保つことができたのは、大国同士の勝手な都合によるものだったのです。しかしこのときフランスは、すでにタイから奪っていたカンボジア中部だけでなく北部までどさくさに紛れて獲得し、ここにアンコールの遺跡群も含まれていました。こうした中で決まったのが、ダンレック山脈を境界とするタイとカンボジアの国境線でした。

　プレア・ビヒア寺院は、ダンレック山脈の稜線の

上にあります。フランスが作成した国境線を決める測量地図では、プレア・ビヒア寺院はぎりぎりフランス領インドシナ内のカンボジアの領土に含まれていました。実はこの地図の測量は少し間違っていました。そのことにタイも気が付いていましたが、それを指摘しませんでした。今から考えると「あのとき言っておけば……」と悔やまれますが、自分の国が独立を保てるかどうかの瀬戸際だっただけでなく、「国境線」という近代西洋的な概念が身近ではなかったため仕方ありません。その後、第二次世界大戦中に日本の後押しでタイは寺院のある地域を取り戻しますが、戦後またカンボジア領に戻されてしまいます。1953年にカンボジアがフランスから独立すると、寺院の領有権を主張して国際司法裁判所に訴え、カンボジアに権利が認められました。国連加盟国であるタイは判決を尊重せざるを得ませんでした。

2008年、カンボジアの申請によりプレア・ビヒア寺院が世界遺産に登録されると、タイ国内で領土問題が再燃します。2007年に登録を目指したときには、タイ側の領土を通らないとプレア・ビヒア寺院に行けないことなどから、両国の共同申請にするようユネスコは提案していましたが、タイの外相がカンボジア単独による申請に合意したため、2008年に登録が行われました。しかし、タイの政治団体はこの合意に激しく反発します。タイの憲法裁判所も合意が正当な手続きを踏んでおらず違憲と判断したため、両国は世界遺産登録をきっかけに死者まで出る紛争へと入っていきました。

このとき双方が「ひとの領土に勝手に入ってくるな！」と非難しあったのですが、それには理由がありました。両国は違う地図を使っていたのです。カンボジアはフランスが作成した地図、タイはアメリカが作成した地図。2つの地図では国境線がずれており、そのずれた範囲の約4・6㎢を巡って争っているのですから結論が出るわけがありません。タイとしても、プレア・ビヒア寺院はカンボジア領と認めるけれど、それ以外のエリアについては一歩も譲らないという姿勢です。最終的に国際司法裁判所が判断を下し、寺院の周囲もカンボジア領となりました。「フランスが作った地図に今さら文句を言っても遅いよ」という判決でした。後悔先に立たずとはまさにこのこと。こうして領土問題は一応の解決を得ましたが、両国の政治状況によっては予断を許さないのです。

プレア・ビヒア寺院

カンボジア王国

［登録基準］①

登録基準の①③④で申請されたが、③④の価値を守るためには遺産周辺でのカンボジアとタイの協力が不可欠であったため、①のみでの登録となった。

自分の国の努力だけでは守れないもどかしさ

世界遺産を保護するとき、遺産そのものだけでなく、その周りもバッファー・ゾーン（緩衝地帯）として段階的に守られています。これは最初、自然遺産の保護のために採用された考え方でした。なぜなら自然遺産の場合、貴重な自然環境を頑張って保護していたとしても、そのすぐ横で環境保護なんて何も考えていない工場などから汚れた水が垂れ流されたり、有害な排気ガスがモクモク出されたりすると、地下水や空がつながっているために貴重な自然環境にまで悪影響を及ぼすからです。そのため、遺産地域よりも規制は緩いものの、周辺を遺産そのものにマイナスの影響を与える活動を制限する地域とすることで、重層的に守ることが出来ます。しかし、マイナスの影響を与えるものが、遠く離れた別の国のものだった場合、一国だけではどうにも出来ません。この問題に悩まされているのが、ケニアで最初の世界遺産になった「トゥルカナ湖国立公園群」です。

トゥルカナ湖国立公園群は、ケニア北部にあるトゥルカナ湖周辺の3つの国立公園からなります。どの国立公園も、トゥルカナ湖と深く関係する自然環境が特徴です。トゥルカナ湖は、「大地溝帯《だいちこうたい》」と呼ばれるアフリカを南北に貫くプレートの境目にあります。大地溝帯には、地球の表面を覆う岩盤であるプレートの活動によって出来た深い谷や高くそびえる山、火山などが見られます。トゥルカナ湖もプレートがずれたことによって出来た断層に水が入り込んだ地溝湖です。そうした地球の歴史を伝えている点が高く評価されました。ちなみにこの大地溝帯、あと何百万年かしたらプレートの力でアフリカ大陸を二つに割ってしまうかもしれないそうです。想像がつかない話ですね。

そのトゥルカナ湖には、ケニア高地とエチオピア高地から水が流れ込んでいますが、メインはエチオピア高地から流れているオモ川で、トゥルカナ湖に流れ込む水の8割以上はオモ川から流れ込んだものです。一方で、トゥルカナ湖から流れ出る川はありません。そうすると、湖に流れ込んでばかりで水の量が増えていく一方な気がしますが、湖の水量はもっぱら暑く乾燥した大気に蒸発していくことで保たれています。日本では想像しにくい、暑い地域ならではの自然のシステムです。

トゥルカナ湖国立公園群は2018年の世界遺産委員会で、世界遺産としての価値が危機に直面しているとして危機遺産リストに記載されました。ケニア国内で密漁が続いているることもあるのですが、最大の理由は隣の国エチオピアがオモ川に建設しているダム「ギべⅢ」です。ダム建設のために湖の水量が低下し、それによって水質が変化してしまって生態系にも人々の生活にも大きな影響を与えることが懸念されました。

このことは、２０１１年の世界遺産委員会のときから委員会側はダム建設の中止と、環境への影響に関する評価報告書の提出をエチオピア側とケニア側に求めていました。しかし、ダム建設が続けられた上にエチオピア側からあまり誠意ある対応がなかったために、危機遺産リストに記載されてしまいました。２０１６年12月にはダムに水も貯められ、水力発電の機能も動き始めていました。世界遺産をもつケニアにしてみたら口出しすることが難しい隣の国の問題で危機遺産になってしまったわけです。

ダムが出来たことで湖に流れ込む水が減ると問題となるのは、トゥルカナ湖が塩分の濃度の濃い、強いアルカリ性の湖であることとも関係しています。川から流れ込む淡水の量が減ると湖の水の塩分濃度が高くなり、人が飲めなくなるだけでなく、湖で暮らす生物も生きていくことが出来なくなってしまいます。ダムを建設したエチオピア側の環境評価では、ダム建設によってトゥルカナ湖の環境が変化することはないとしています。むしろダムからの放水などによって水量がコントロールされることで、これまで人々を苦しめた洪水や水不足などもなく、一年を通して人々の暮らしが安定し生活の質が向上するそうです。

しかし、生物が繁殖して成長するには季節によって異なる水流が重要で、それを年間で一定にしてしまうと生態系に大きな影響を及ぼすとの指摘もあります。

ダム建設による生態系への影響については専門家ではないので僕は調査を見守るしかありません。ただ、水資源の問題は関係諸国の国益に関わることですし、ダム建設は雇用も生み出すものなので、世界遺産の保護の視点からだけ見て解決を促すのは限界がある気がします。また、ギベⅢで発電された電力を周辺諸国で最初に購入すると申し出たのが、電力不足に悩むケニア自身であることも問題の複雑さを表しています。

しかし、世界遺産委員会の働きかけによってようやく環境評価報告が出されるなど、状況改善のきっかけにもなっているので、今後も関係各国が協力しながら世界遺産の自然環境を保護していってもらいたいものです。

トゥルカナ湖国立公園群

ケニア共和国

［登録基準］⑧⑩

トゥルカナ湖東岸のシビロイ国立公園と湖に浮かぶ火山島のセントラル・アイランド国立公園、同じく湖の中の火山島のサウス・アイランド国立公園からなる。

タウリカ半島の古代都市とチョーラ

世界遺産は宙ぶらりんのまま守れるか？

僕はサッカーが好きなのですが、サッカーのよい点の1つが、世界の国々に関心が広がることです。高校時代、憧れていたストイコヴィッチ選手を擁するユーゴスラヴィアが、内戦に対する制裁でヨーロッパ選手権への出場権が剥奪され、そのユーゴスラヴィアが分裂してセルビアやクロアチアなどにサッカーのナショナルチームが分かれると、1つの国からこんなにも様々な宗教や人種、民族の国が誕生したことに驚きました。

サッカーの話であれば、なるほど！　で済むかもしれませんが、世界遺産に目を向けると、国家内の複雑さや近隣国との関係は保護や保全と直接関係してきます。今まさにこうした問題に直面しているのがウクライナの「タウリカ半島の古代都市とチョーラ」です。ウクライナは、第一次世界大戦後にソ連に組み込まれると、ソ連が崩壊する1991年まで内部にいくつかある共和国の1つでした。その時代にロシアからウクライナに権利が移されたのがクリミア半島（タウリカ半島）です。ソ連時代はロシア共和国が強力だったので、ウクライナに権利を移すなんてのはほとんど意味がないことでした。だから当時のフルシチョフ首相もあまり深く考えず、ウクライナ共和国にクリミア半島を組み込んだのでしょう。その後、ソ連が崩壊してウクライナが独立すると焦ったのはロシアです。ソ連が崩壊するなんて聞いてなかったよ！　なんて言っても遅いのです。

このクリミア半島はロシアにとって地政学的に重要な場所でした。クリミア半島にあるケルソネソスは黒海に面した古代ギリシャの植民都市でしたが、ロシアから見ると地中海に向けた窓口であったため、１７８３年に帝政ロシアはオスマントルコ帝国からクリミア半島を奪います。そして南下政策を推し進めていたロシアは、凍ることのない黒海に面したケルソネソスがあったこの地に軍港都市を築き、黒海艦隊を創設しました。しかしソ連が崩壊すると、新たにウクライナ領となった港に基地を置く黒海艦隊はどちらの国のものなのかで対立します。話し合いの結果、艦船の81%をロシアが、19%をウクライナが分割することになり、ロシア側は２０１７年まで軍港の使用権を得ました。

また歴史・文化的な面で大きいのが、キエフ大公国のウラジミール1世の存在です。キエフ大公国とは、ウクライナのキエフを首都とした国で、ウクライナやロシアのルーツであると考えられています。そのキエフ大公国の最盛期を築いたウラジミール1世が、988年にキリスト教の正教会を国教とし、この一帯はキリスト教世界の仲間入りを果たしました。これが現在のウクライナ正教やロシア正教の元になっています。このウラジミール1世が洗礼を受けた場所がクリミア半島のケルソネソスだったのです。

こうした政治や歴史、文化的な背景から、ロシアはクリミア半島を取り戻すチャンスを狙っていました。2014年、ウクライナでロシア寄りの立場をとる大統領の退任を求める激しい政変が起こると、ウクライナ内部の複雑さが顔を出します。西洋に近いウクライナ北西部と違い、ロシアに近い南東部は、ソ連時代にスターリンがロシア人を入植させたため、ロシア系の住民が多く、政変でもロシア寄りの立場でした。そこにクリミア半島も含まれます。ロシア軍がロシア系住民の安全確保という理由でクリミア半島に軍隊を派遣すると、クリミア半島にあるウクライナ領のクリミア自治共和国ではロシアへの統合を問う住民投票を行い、95%以上の圧倒的多数の賛成でロシアへの加入が決まりました。現在、国際社会は認めていませんが、この地はロシア領のクリミア共和国となっています。ロシアのやり方は相当に乱暴ですが、クリミア半島の住民の望むところでもあったのです。

では、この地にある「タウリカ半島の古代都市とチョーラ」は、ウクライナの世界遺産なのか、ロシアの世界遺産なのか。2013年、ケルソネソスにある古代ギリシャの植民都市の遺跡が、ウクライナの世界遺産として登録されましたが、現在はウクライナ政府が保護・管理を行えない状況にあります。ウクライナからユネスコに対して保全報告書も提出されておらず、2016年には世界遺産委員会で関係する全ての国や機関に対して遺産の保護と国際法の遵守を求める決議が出されました。実効支配を行うロシアもこの地を重視しているため遺産の保護・保全は行われるとは思いますが、ウクライナ政府が登録の時に提出した保全計画書とは違う内容になってしまいます。宙ぶらりん状態にあるこの遺産が、地に足が着く時が来るのでしょうか。

タウリカ半島の古代都市とチョーラ

ウクライナ

[登録基準]②⑤

古代ギリシャの植民都市の遺跡と、周辺の古代の農業地跡などがつくりだす景観が高く評価された。チョーラは長方形で均等に区画された農耕地を指す。

ブラジリア

首都が「人間不在の都市」？

1972年の映画「惑星ソラリス」の中に、近未来都市として東京の首都高速道路が登場します。映画の中で未来都市の交通網のように見える首都高も、いま運転していると、むしろ古く時代遅れの道路のように感じてしまいます。首都高の作られた1950年代後半から60年代頃は、自動車を中心とした街づくりをどうするのかということが、世界でも重要な課題でした。ブラジルの首都ブラジリアも、その点が考慮された都市の1つです。

ブラジリアは人工的に作られた都市です。どの都市も「人工的」に作られているのですが、ブラジリアは長い歴史の中で少しずつ形が整ってきた他の都市と違い、何もない空き地に1から作り上げられました。それも都市が開かれたのが、建設が始まった1956年からたった4年後の1960年という猛スピードの建設でした。設計を担当したフランス生まれの建築家ルシオ・コスタがテーマにしたのは「航空機と車の時代の首都」です。

19世紀初頭、ポルトガルの支配下にあったブラジルでは、ポルトガルやポルトガル支配の象徴である首都リオデジャネイロへの反発が強まっていました。一方で支配者層も、リオデジャネイロは貿易港として産業色が濃いし治安もよくないし、気候もヨーロッパから来た自分達に合わないとして、新しい首都を作りたいと考えていました。1822年のブラジル独立の翌年にはブラジリアという名の新首都建設が提言されましたが、本格的に動き出したのは100年以上経った1953年のことです。候補地として内陸の5カ所が選ばれ、最終的に現在の場所に決まりました。

この地は、イタリアのキリスト教カトリックの聖職者ドン・ボスコが夢の中で「南米の大きな湖の脇にミルクと蜂蜜の流れる豊かな土地があるので、そこにユートピアを築きなさい」と予言を受けた場所にそっくりでした。1954年にジュセリーノ・クビチェク大統領が誕生すると、歴史と切り離された新たな場所で、多民族国家ブラジルの統一の象徴となる近代都市の建設に一気に動き出しました。

クビチェク大統領は、ブラジリアの建設計画と主な建築の設計をブラジル人建築家オスカー・ニーマイヤーに一任します。ニーマイヤーは都市の基本コンセプトを募集する国際的なコンペを行い、26点の応募の中からルシオ・コスタが選ばれました。彼が応募したのは5枚の紙に描かれた簡単なスケッチと、コンセプトを説明した文章だけだったそうです。そのため、審査ではコスタの案は真面目に検討するに値しないという手厳しい意見も出ました。コスタのコンセプト提案文は、スケッチを提出することを謝るところから始まり、コンペに加わるのは自分の意思ではないし、今でも加わっているつもりはないと続きます。こんな文章から始まったら、審査員が真面目に検討する気がなくなるのもわかります。しかし続くコンセプトは、都市の要素を交通や行政、労働、生活、教育などの機能によって分解していって、それぞれを人間の臓器のように互いに影響し合うシステムとして配置する壮大なものでした。

都市の2つの軸を十字架のように組み合わせ、それを正三角形の中に入れるために一つの軸を曲げて飛行機の様な都市の骨格ができました。その機首の部分に行政機関、胴体の部分には一直線の緑地帯と商業・文化の中心となる建物、翼の部分に住宅や学校などが配置されました。また、歩道と車道を分けることで生活する人々の安全や快適さの向上を目指したため、道路は立体で交差して信号はほとんどありませんでした。

しかし、1960年の選挙でクビチェク大統領が敗れると、建設のスピードは急激に失われます。ブラジリア大聖堂はコンクリート部分だけが完成した不完全な状態でカトリック教会に引き渡されました。壮大な都市の建築は国家的な財政赤字となり、その後のブラジル経済を苦しめたのです。また、自動車を中心とした機能的な近代都市計画は生活する上で必ずしも快適ではなく、完成直後から「人間不在の都市」などの批判に晒されました。

そんなブラジリアの注目すべき点は、個々の建物ではなくコスタの都市計画そのものが法律で守られている点です。これはコンセプトも守るブラジルの文化財保護の面白いところです。例えば、ブラジリア大聖堂はカトリック教会が建築を引き継いで１９７０年に完成するのですが、文化財としては建設途中の１９６０年に登録されました。完成もしていないのに文化財に指定されるなんて、日本などでは考えられないことです。ブラジリアが完成から30年に満たないところで世界遺産に登録されたのも、そうした保護の考え方が理由だと思います。アイデアこそが世界遺産なのです。

ブラジリアは現在、約３００万人が暮らす大都市になりました。トラム（路面電車）などの公共交通網も整備され、確実に首都として発展しています。しかし、守るべき都市計画が時代に見合わなくなった時、ブラジリアに危機が訪れるのかもしれません。

ブラジリア

ブラジル連邦共和国

[登録基準]①④

上空から見ると飛行機形になる都市に、ニーマイヤー設計のブラジリア大聖堂や連邦議会議事堂、大統領官邸、最高裁判所など近代建築が立ち並んでいる。

過激派のアピール材料に使われた大仏

世界遺産は、世界中から注目されるコンテンツです。世界遺産活動が大成功しているために、数ある国連の専門機関の中でユネスコが最も有名だと言っても過言ではないくらいです。そのため世界中の国々は自分の国の文化や自然を世界遺産にしようと狙っています。世界遺産になると国際的な知名度が上がり、自分達の文化度の高さや自然の豊かさを証明できるだけでなく、観光産業でも経済効果が期待できるからです。

しかしそれは、貴重な文化財や自然環境を未来に受け継ぐという世界遺産の本来の目的とは違います。「うちの国はすごいんだぞ！」というアピールや「観光客が増えたら……うふふ」という経済効果ばかりに重点が置かれるのは、世界遺産が有名になったための弊害とも言えます。そしてもう一つの弊害が、世界遺産を過激な政治・宗教的アピールに使うことです。２０１２年、イスラム教過激派がマリの世界遺産になっているトンブクトゥの聖廟を「イスラム教で禁じられている個人崇拝をするものだ！」として、世界遺産委員会の最中に破壊しました。彼らがそのタイミングを選んだのは、世界中の人々が「世界遺産」に注目している時なので、彼らの行為がメディアを通して世界中に広がることを狙ってのことでした。その目論見は残念ながら成功したと言えます。同じように、遺産の破壊が強力なアピールになったのがアフガニスタンのバーミヤン渓谷です。

バーミヤン渓谷は、インドや中央アジア、西アジアなどを結ぶ交易ルートの重要な場所で、1世紀頃から岩をくりぬいた石仏（摩崖仏《まがいぶつ》）が作られてきました。最も有名な摩崖仏は4～5世紀頃に作られたと伝わる2体の巨大な仏像で、西大仏が高さ55m、東大仏が高さ38mもありました。55mというと、新幹線からもよく見える京都の世界遺産「東寺（教王護国寺）」の五重塔とほとんど同じ大きさです。遠くからも見える岩壁に掘られた大仏は、交易で通る人々にもすごいインパクトを与えただろうと思います。仏教徒に限らず、様々な文化や宗教の人々が大仏を大切にしてきました。

しかし、この地で1500年近くも人々を見守ってきた2体の大仏はもうありません。1996年からアフガニスタンの大部分を支配していた過激なイスラム教の思想をもつタリバン政権が、2001年に2体の大仏を破壊してしまったのです。イスラム教のものでない上に、偶像崇拝の禁止という教えに反するという理由でした。国際社会やイスラム教の指導者は強く反対し、この地の文化を高く評価していた日本は代表団を現地に送るなど説得を続けましたが、世界中に動画が配信される中で爆破され、崩れ去ってしまいました。

バーミヤン渓谷はかつて世界遺産登録を目指していましたが、政情不安により保護が難しいため登録が見送られていました。しかしタリバン政権による破壊を受けて、これ以上の破壊を防ぐには国際社会の協力が不可欠だと判断され、緊急的登録推薦という特別な方法で２００３年に世界遺産登録され、同時に危機遺産リストにも記載されました。緊急的登録推薦というのは、急いで保護する必要のある遺産の登録手続きを省略化して登録する方法です。

現在、日本の専門家も参加して壁画の修復などが行われていますが、大仏の再建の目処はたっていません。完全に崩れ去ってしまった大仏を再建することが可能なのか、そもそも再建してよいものなのかという点で専門家の意見がまとまっていないからです。これまでの保護・保全の考え方は、一部が壊れたり古くなった物を修復するもので、完全に無くなってしまったものの再建にはルールが決まっていませんでした。残されたオリジナルの部材で再建出来るところだけ再建する案や、ヴァーチャル・リアリティで「再現」する案の他、未来への教訓とするため再建はしないで別の場所に破片を保管する日本の案や、なぜか白大理石で動かせる石仏を作るイタリアの案などが出されています。

摩崖仏の破壊で世界中から非難が集まる中、イラン出身の映画監督モフセン・マフマルバフは別の見方をしました。彼は、アフガニスタンの人々が紛争の中で苦しんでいる時は世界中の誰も気にしなかったのに、大仏が破壊されるとそのことだけを非難する現状をみて、仏像は誰かが破壊したのではなく「恥辱のために崩れ落ちたのだ。アフガニスタンの虐げられた人びとに対し世界がここまで無関心であることを恥じ、自らの偉大さなど何の足しにもならないと知って砕けたのだ」と言っているのです。

僕達はニューヨークやパリでテロがあると強い怒りを覚えテロリストを非難しますが、アフガニスタンやシリア、パレスチナなどで毎日のように人々が亡くなっていても同じような強い怒りを覚えることはあまりないでしょう。もちろん、世界中の出来事に平等に関心をもって関わることは難しいですが、少し目を世界に向けてみるだけで、世界は変わってくるはずです。遺産の保護の意味においても。

バーミヤン渓谷の文化的景観と古代遺跡群

アフガニスタン・イスラム共和国

[登録基準]①②③④⑥

ギリシャの流れをくむ芸術や宗教が、インドやペルシアなどの文化と融合してガンダーラ美術となってゆく変遷を見ることができる摩崖仏や壁画などが登録された。

タージ・マハル

見えないはずの愛が見える霊廟

以前、不動産を保護する世界遺産リストに鎌倉を記載するためには、各資産をつなぐ武家文化という目に見えない精神性を証明する困難さがあることが話題になりました。目に見えないものを証明するってどういうことなのでしょう。例えば、宝石店の前で彼女から「私への愛を証明して！」なんて言われたらゲンナリします。「私への愛って、たった給料3カ月分なの!?」なんて言われた日には、証明すべき愛はどこかへいってしまいそうです。幸いそんな経験はないですが、目に見えないものを証明するって難しそうです。

しかしインドには、見えないはずの愛が見える世界遺産があります。インド北部のアーグラにあるタージ・マハル。白亜色の大理石に美しいアラベスク文様で装飾が施され、左右対称の均整の取れた姿でたたずむ外観から、まるで宮殿のように見えますが、ムガル帝国のシャー・ジャハーン帝が愛する妃のために築いた霊廟です。16世紀から300年近くインド北部を中心に繁栄したムガル帝国は、インドを代表するインド・イスラム文化の大帝国でした。そのムガル帝国の基礎を確立した第3代皇帝アクバルの後継者を決める頃から、後継者争いが激しくなります。アクバルと息子のジャハーンギールは後継者を誰にするかで激しく対立し、ジャハーンギールが皇帝になるとその息子達もまた、次の皇帝の座をめぐって血みどろの争いをしました。それに勝利したのが、シャー・ジャハーンです。シャー・ジャハーンが皇帝になるずっと前、15歳の青年であった彼は3歳年下の美しい少女と出会います。2人はすぐに恋におち、5年後に結婚しました。その少女がムムターズ・マハルです。2人は深く愛し合い、激しい後継者争いをするシャー・ジャハーンをムムターズ・マハルは常にそばで支え続けました。2人は遠征に行く時も常に一緒でしたが、妃は、14人目の子どもを産んだ後に体調を崩し、36歳の若さで亡くなりました。シャー・ジャハーンは何も手につかないほど深く悲しみ、2年間喪に服すと彼女のための霊廟を造り始めます。世界各地から白大理石や宝石などの素材や職人を集め、約20年の歳月をかけて世界で最も美しい霊廟が完成しました。特にラジャスタン地方

から取り寄せた大理石は、朝日を浴びるとピンク色に、昼の光には純白に、夕日には乳白色に見えるという特徴があり、タージ・マハルの美しさを際立たせました。

こうしてムガル帝国の最盛期を築いたシャー・ジャハーンですが、血塗られた後継者争いの歴史は彼の元にも訪れます。シャー・ジャハーンの息子達もまた激しく争い、後継者に指名されていた長男が、後に皇帝となる三男のアウラングゼーブに殺されると、シャー・ジャハーン自身も皇帝の座を下ろされてしまいました。亡くなるまでの7年間、彼は幽閉先の城の窓から妃の眠る霊廟を眺めて過ごしたと言います。この幽閉先の城も「アーグラ城」として世界遺産に登録されています。

美しさも物語性も申し分がないタージ・マハルは今、危機に直面しています。皇帝の妃への愛の証であった純白の霊廟が、環境汚染によって汚れつつあるだけでなく、倒壊の恐れもあるのです。1970年代から大気汚染が深刻となり、大気中の二酸化硫黄が原因で降る酸性雨と、空気中の粒子状物質がタージ・マハルの表面に付着して、白亜色の霊廟が黄ばんできてしまいました。また、タージ・マハルが面するヤムナー川は工場排水、人や動物の排泄物などでかなり汚れており、そこで大量発生する虫の糞によってもタージ・マハルも汚され続けています。そのため最高裁判所は近隣での天然ガス以外の燃料の使用禁止や、ヤムナー川での洗濯禁止などの厳しい環境基準を定めました。しかし、政府自体が裁判所命令に従わないなど状況の改善には至っていません。またヤムナー川の水量減少で地盤が沈み、タージ・マハルの基礎にゆがみや亀裂ができるなど深刻です。

それに加えて、インド国民の8割がヒンドゥー教徒であるということも、タージ・マハルの保護に影響を与えています。現在のインドでは、ヒンドゥー至上主義を掲げるインド人民党のモディ氏が首相を務めており、イスラム教のムガル帝国が築いたタージ・マハルはインドを代表する遺産ではないと見なされているのです。タージ・マハルが取り壊されることはないでしょうが、保護が充分に行われなければ、汚れ崩れてしまうかもしれません。環境問題も政治問題も文化財の保護には大きな影響を与えます。特に環境問題は大きく見れば一国だけの問題に留まりません。タージ・マハルが、愛だけでなく地球環境保護の観点からもシンボルとなるとよいですね。

タージ・マハル

インド

[登録基準]①

どこから見ても左右対称の霊廟の他、水路と植物で4つに区分された庭園は、イスラム教の聖典『コーラン(クルアーン)』で語られる「天上の楽園」を表現している。

ラサのポタラ宮歴史地区

要を失った文化財はどうなる？

廃墟に心を奪われることがあります。英国などで石の壁の一部しか残されていないような古い城を見ると、今は時間の装飾をまとって静かに佇む古城が最盛期にはどんな姿だったのか、騎士や女性達がどのように過ごしていたのか妄想してしまうのです。一方で、外見は美しく残されている教会などが、中に入ると博物館になっていたりすると、少し寂しさを感じてしまいます。本来の意味を失って、単なるモノになってしまっていることへの寂しさでしょうか。文化財を守る上で、その文化財が作られたときに与えられた意味をどう守っていくのかは難しい問題です。その意味も社会の変化の中で変わっていくので尚更です。もちろん、博物館という新しい意味づけが悪いということではありません。

中国の世界遺産に「ラサのポタラ宮歴史地区」があります。チベット自治区にあるこの遺産には、チベットの宗教や政治、文化にとって重要な意味をもつポタラ宮があります。ポタラ宮は、17世紀にチベットを統一したダライ・ラマ5世が、7世紀にチベット初の統一王朝を興したソンツェン・ガンポの城を基に巨大な宮殿に造り替えたものです。ラサ中心部のマルポリ（赤い山）という丘の上に立ち、外観13層（実質は9層）、高さ約110m、面積約13万㎡のポタラ宮は、圧倒的な存在感があります。現在のダライ・ラマ14世が、いくつ部屋があったか思い出せないと語るほどの大きさなのです。

ポタラとは、観音菩薩《かんのんぼさつ》が住むとされる山、補陀落《ふだらく》（サンスクリット語で「ポタラカ」）のことで、ポタラ宮は観音菩薩の化身とされるダライ・ラマの宮殿となっていました。チベットにおいて宗教的にも政治的にも最高指導者であるダライ・ラマとは、観音菩薩が人々を救済するために輪廻転生を繰り返しながら現世に現れる存在と信じられています。ダライ・ラマ14世も、2歳の時にダライ・ラマ13世の生まれ変わりとして「発見」され、5歳にしてダライ・ラマ14世として即位しました。ポタラ宮には政治や宗教の儀式の場を兼ねた白宮《はくきゅう》と、歴代のダライ・ラマが眠る宗教空間である紅宮《こうきゅう》があるのですが、ダライ・ラマが生活しながら宗教的な儀式や政治的な執務を行うポタラ宮そのものが、ダライ・ラマのチベットでの偉大な役割を象徴しているとも言えます。

しかし、第二次世界大戦後に状況は一変します。中国国内で内戦が起こり、そこで勝利した共産党軍がそのままチベットにも軍を送って支配下に置いたのです。チベットの人々による抵抗運動は徹底的に弾圧されました。1956年頃に本格化したチベットの人々による中国への反乱は、1959年に山場を迎えます。ある日、中国共産党がダライ・ラマ14世を観劇に誘いました。しかし、護衛をつけることなどを禁じたために、中国共産党がダライ・ラマ14世を連れ去ろうとしているのではないかと、チベットの人々は心配しました。敵対関係にある相手から護衛をつけずに観劇においでなんて、確かに怪しいぞって思ってしまいます。そのため、ダライ・ラマ14世を守ろうとする人々がダライ・ラマの夏の離宮であるノルブリンカに集まり、共産党軍との間で激しい戦闘となりました。ダライ・ラマ14世は事態の悪化を避けるためにヒマラヤ山脈を越えてインドへと亡命しました。

チベットの宗教と政治の象徴であったポタラ宮はその要であるダライ・ラマを失い、その年のうちに中国によって差し押さえられてしまいました。その後に起こされた、中国の政治や思想、文化の改革を目指す文化大革命では、チベット仏教を中心とするチベットの文化は否定され、チベット仏教の総本山であるジョカン寺やノルブリンカの他、多くのチベット仏教寺院が破壊されてしまいました。現在、ポタラ宮は本来の意味を奪われ、博物館としてチベットの文化と歴史を伝えています。

中国はチベットの文化を尊重し、保護を行っていると公式には発表しています。確かにポタラ宮やジョカン寺、ノルブリンカなどは修復され文化財として保護されています。しかし、ポタラ宮がもっていた意味を考えると、建物を守り残している点だけとって「保護」していると言えるのか疑問です。それに加え、今後ダライ・ラマが輪廻転生するときに、それが本当にチベットの人々の納得するものになるのかも心配です。

チベット仏教においてダライ・ラマに次ぐ重要な存在であるパンチェン・ラマの時には、チベット亡命政府が生まれ変わりと認定した6歳の少年が、認定の3日後に中国政府に連れ去られ、別の少年が中国政府からパンチェン・ラマ11世として認められるという事件が起こりました。ダライ・ラマの輪廻転生でも同じことが起こりはしないかと、少し不安になるのです。

このようにして本来の文化が無理やり姿を変えさせられ、文化財が意味を奪われた時、その文化財の魂は抜かれてしまうのかもしれません。文化財の保護の難しさを感じてしまいます。

ラサのポタラ宮歴史地区

中華人民共和国

[登録基準]①④⑥

外観13層、高さ約110m、面積約13万㎡の大宮殿であるポタラ宮と、チベット仏教の総本山ジョカン寺、「宝の園」を意味するノルブリンカが登録されている。

エジプトには
パスポートを持ったファラオがいた

エジプトのアスワン・ハイ・ダムの建設によってダム湖に沈んでしまう危機にあったところを、世界中の人々の協力で守られたアブ・シンベル神殿。この神殿を築いたのが紀元前13世紀頃の古代エジプトのファラオ（王）、ラメセス2世です。ラメセス2世は自分が大好きで、神殿の前に立つ4体の巨大な像は全て自分。神殿の中にある4体の巨大な像も、3体は神だけど1体は自分というナルシストっぷり。そんなラメセス2世のものとされるミイラが1881年に発見されました。ラメセス2世は強靭な肉体をもち武勇を誇るファラオだったと伝えられていて、発見されたミイラも当時のエジプト人の平均身長よりも20cmほど大きく、183cmもありました。

現在、カイロのエジプト考古学博物館に眠るラメセス2世のミイラは、フランスに旅をしたことがあります。真菌感染症の予防のためにパリに向かったラメセス2世のミイラは、ファラオに敬意を表するエジプト政府からパスポートが発行され、職業欄には「ファラオ」と書かれたそうです。ミイラを、モノではなく人として扱ったということです。フランスに入国する時には、空港で王を迎えるにふさわしい式典が催されました。歴史を大切にする両国らしいエピソードですね。

第4章
「世界遺産」というひみつ

エルサレムの旧市街とその城壁群

複雑な国際事情が生んだ唯一の例外

芸術は国家や民族を超える。これはすべてに当てはまるわけではないですが、かなり正しいのだと思います。僕がそう信じたいというか。ヴァイオリニストの樫本《かしもと》大進《だいしん》とヴィオリストのユーリ・バシュメットによるモーツァルトのドッペルコンチェルトを聴いた時は、コンサートからの帰り道も身体の密度が上がったような感動がありました。その時に、日本やロシア、オーストリアなどの国や人種を意識することはありませんでした。

同じように、国家や人種、宗教、性別などを超えた価値を目指しているのが世界遺産です。その価値は「顕著な普遍的価値」と呼ばれ、世界遺産がもつものとされています。一方、ユネスコで採択された世界遺産条約は、各国の代表が合意した国際条約でもあり、「国家」という枠組みから外れることができないというジレンマがあります。各世界遺産は「顕著な普遍的価値」をもちながら、各国が各国の法令と予算でもって保護活動を行っているため、各遺産には「保有国」というものがついてまわるのです。しかし、1000件を超える世界遺産の中で唯一、存在しない国が保有国になっている遺産があります。それが「エルサレムの旧市街とその城壁群」です。保有国には「エルサレム（ヨルダン・ハシェミット王国による申請遺産）」と書かれています。

エルサレムの旧市街は想像以上に複雑です。イスラム教の聖地「岩のドーム」がある場所は古代イスラエル王国の神殿跡地で、残された神殿の壁はユダヤ教の聖地「嘆きの壁」になっています。またイエスの墓の上に建つキリスト教の聖地「聖墳墓教会」の鍵はキリスト教各派の対立を防ぐためイスラム教徒が管理しています。それに政治的な思惑がからまった歴史が加わるのでもう大変です。

その「エルサレムの旧市街」の保護・保全がユネスコで課題となったのは、世界遺産条約が誕生するよりも前のことでした。第三次中東戦争でイスラエル軍が旧市街を含む東エルサレムを占領した翌年の1968年、ユネスコ総会で旧市街の文化財保護をイスラエルに求める決議が出されます。しかしイスラエルがあまり協力的でなかったため、世界遺産条

約が1972年に採択されると、ユネスコはエルサレムの旧市街を世界遺産と危機遺産のリストへ速やかに記載できるよう動き出しました。ユネスコは、エルサレムに世界遺産という冠を与え国際協調と平和のシンボルとしようと考えたのです。

しかし、この登録には困難がありました。最大の難点は、イスラエルがエルサレムを実効支配しているものの国際社会がそれを認めておらず、誰が世界遺産として推薦する権限をもっているのか、ということでした。そこで第一次中東戦争で東エルサレムを分割統治したヨルダンが「世界遺産登録は主権を主張するものではない」との了解の下に、推薦を行いました。イスラエルがまだ世界遺産条約を批准していなかったこともあります。推薦の過程で、推薦書に含まれていなかったユダヤ教のシナゴーグや「嘆きの壁」などがICOMOSの提言により加えられ、3つの宗教の聖地としての姿が整えられました。

しかし、推薦翌年の1981年、臨時の世界遺産委員会が開催され審議が始まると、案の定、ヨルダンが推薦する法的権限などについて議論が白熱します。世界遺産条約の中に、推薦する遺産は「自国の領域内に存在」するものと書かれているので尚更です。結局、話し合いでは答えが出ず、投票によって世界遺産登録が決定しました。自国領にない遺産を推薦することも、実在しない国が保有国になることも、後にも先にも例のないことでした。

この投票で唯一、反対票（棄権5票）を投じたのが、世界遺産委員会の政治化を懸念したアメリカ合衆国です。「世界遺産委員会は誤った方向への第一歩を踏み出してしまった」と強く反対する声明を出しました。

この話には続きがあります。1993年のオスロ合意によって誕生したパレスチナ自治政府が、2011年にユネスコに加盟したことで、ヨルダン川西岸を巡るユダヤ人とパレスチナ人の対立が、アメリカとユネスコの対立へと拡大しました。アメリカとイスラエルはユネスコからの脱退を決めます。そして2018年、アメリカのトランプ大統領はアメリカ大使館をイスラエル第2の都市テルアビブからエルサレムに移転しました。これは各国がイスラエルのエルサレム実効支配に反対して大使館をテルアビブに置いてきたことに逆行する動きです。今後、旧市街のある東エルサレムの扱いがどうなるのか注目ですが、地域が政治的に安定しないと遺産の保護はできないので心配でならないのです。

エルサレムの旧市街とその城壁群

エルサレム（ヨルダン・ハシェミット王国による申請遺産）

[登録基準]②③⑥

キリスト教の聖墳墓教会、イスラム教の岩のドーム、ユダヤ教の嘆きの壁などが登録される聖地。登録翌年よりずっと危機遺産リストに記載されている。

イエローストーン国立公園

山火事消すのも自然まかせ

世界にはまだまだ聞いたことも見たこともないような自然や文化財があります。虹のようにカラフルな熱湯の泉や、落差が大きすぎて途中で水がすべて霧になってしまう滝、世界最高峰に向かう途中の高地でみつかる海底生物の化石、何千体もの人間そっくりの兵士の像が守る墓なんて、「いやいや、さすがにそれは嘘でしょ」って思ってしまいますよね。しかし、どれも本当にあって世界遺産に登録されているんです。

世界で最初に登録された12件の世界遺産の1つ、アメリカの「イエローストーン国立公園」も想像を超える遺産といえます。この遺産は世界遺産条約の誕生を象徴する遺産でもあります。世界遺産条約の大きな特徴の1つは、1つの条約で文化遺産も自然遺産も保護している点にあります。これは構想の段階から文化と自然の両方を含んでいたわけではなく、2つの条約案が1つにまとめられた結果でした。1つはユネスコが中心になってまとめた文化遺産を保護する「普遍的価値をもった記念物、建造物群、遺跡の保護に関する条約」案。もう1つは、アメリカが中心となって自然遺産の専門機関ＩＵＣＮと共にまとめた自然遺産を保護する「人類にとって顕著な価値を有する世界遺産トラスト」案です。

アメリカは、世界遺産条約が誕生する100年前の1872年、「イエローストーン」を世界で最初の国立公園に指定します。背景には、西部開拓による人間の生活地域の拡大や、それに伴う自然破壊があります。当時のアメリカでは、南北戦争が終わり、アフリカ系アメリカ人にも選挙権が与えられる公民権法が成立し、アメリカが合衆国として新しく動き出しつつある時代でした。国家が形を整える早い段階で自然を保護する体制づくりを行うなんて、アメリカはすごい国だと思います。

約1時間に1回、地中から熱湯が50メートル近くも吹き上げられる間欠泉や、バクテリアにより真青から緑、黄色、オレンジ、赤へと色を変える熱水泉、反対にバクテリアも生きられない高温のために空の青さだけを映し出す熱水泉、熱湯に含まれる石灰が白い階段状に固まったテラスや、大地を削り黄色く染めながら流れるイエローストーン川、公園の約9割

を占める深い針葉樹の森、そしてグリズリー（ハイイログマ）やハクトウワシ、ヘラジカなど、アメリカの大自然を象徴するような多様な生物達。イエローストーンには、にわかには信じがたいような独特で豊かな自然があります。実際、19世紀初頭にイエローストーンを訪れた探検隊の報告は、最初はホラ話だとして人々には信じてもらえませんでした。

アメリカはそれから100年間、国立公園として自然環境を守ってきた自負があるので、1972年という記念すべき年に、世界各地の重要な自然を世界遺産トラストとして保護していくことを、世界中の国々に対して提案しました。同時期、ユネスコでも同じような国際的な保護条約を考えており、両方が1つにまとめられて、1972年の世界遺産条約となりました。そのため世界で最初の世界遺産にイエローストーン国立公園が登録されたのは必然であったわけです。因みに、もうひとつアメリカから登録されたのが、断崖に先住民アナサジ族の住居跡が残る「メサ・ヴェルデ国立公園」です。こちらも遺産名からも分かるとおり、1906年に国立公園に登録されています。アメリカの国立公園では自然保護から始まり、史跡なども保護対象として管理しています。

アメリカの国立公園の管理の仕方で面白いのが「ウィルダネス」という考え方です。これは「Wilderness」というスペルから想像できますが、「Wild（ワイルド）」であるということ、つまり「野生」や「原生」である状態のことです。国立公園ではこの「ウィルダネス」が重視されるため、できる限り自然の保護は「自然」に任せられます。例えば、イエローストーン国立公園では、山火事などがあった時によほど人の生命に関わる状態でない限り、積極的な消火活動は行わず自然の鎮火に任せます。そして山火事で焼けた大地にも植林は行わず、自然に次の芽が出てくるのに任せるのです。これはアメリカほどの広い大自然だからこそできる方法ですが、面白い考え方だなと思います。自然を「保護する対象」として見ながらも、自立した「大人（?・）」として任せているというか。自然が雄大すぎて、人間が手を出すのがおこがましいのかもしれませんが。自然環境を「保護する」というのは、良くも悪くも、人間が手を出さないということなのかもしれませんね。

イエローストーン国立公園

アメリカ合衆国

[登録基準]⑦⑧⑨⑩

アメリカ北西部の3州に広がる約8,900㎢もの広さを誇る国立公園が、自然環境の豊かさを評価され登録された。地球上の3分の2の間欠泉がこの地にある。

グアラニのイエズス会布教施設群：サン・イグナシオ・ミニ、サンタ・アナ、ヌエストラ・セニョーラ・デ・ロレト、サンタ・マリア・マヨール（アルゼンチン側）、サン・ミゲル・ダス・ミソンイス（ブラジル側）

まるで寿限無のような遺産名

毎年7月初旬頃になると、世界遺産に関心のある人達の間で、新しく世界遺産に登録されるのはどこなのか話題になります。その時期に21カ国からなる世界遺産委員会で話し合いが行われて、推薦された遺産が世界遺産登録にふさわしいかどうか判断されるからです。しかし、世界遺産委員会に出席する各国の代表の多くは大使など外交の専門家です。文化遺産や自然遺産の保護の専門家ではないため、保護の専門家が世界遺産委員会の前に推薦された遺産の現地調査を行い、報告書を作ります。現地を調査する専門家は、文化遺産であればＩＣＯＭＯＳ、自然遺産であればＩＵＣＮと呼ばれる国際専門家組織から選ばれて派遣されます。

たった数日間の調査でその遺産の価値のどこまで分かるの？　という疑問もよく聞きますが、ＩＣＯＭＯＳなどの調査員が行っているのは基本的には推薦書に書かれた内容の確認です。調査に先立つ2月1日までに提出された推薦書の内容に沿った説明と、保全計画の実情などの解説が国や自治体のスタッフから行われ、推薦書の内容が正しいのか、また保全計画が実情に即しているのかなどが確認されます。もちろん、推薦書からだけではわからない現地の雰囲気を感じるという点も重要です。調査員は現地調査が済むと、だいたい年内に報告書をまとめます。その報告書を元に、ＩＣＯＭＯＳやＩＵＣＮの本部にて検討が行われ報告書がまとめられます。

ＩＣＯＭＯＳやＩＵＣＮは報告書の中で、世界遺産登録に相応しいかどうかだけでなく、今後心配される点や改善した方がよい点、遺産名などの指摘も行います。最近では、遺産の価値が分かるような遺産名が求められる傾向にあり、日本の「富士山」もＩＣＯＭＯＳからの指摘を受けて遺産名が変更され、最終的に「富士山―信仰の対象と芸術の源泉」という名前になりました。こうして価値が分かりやすい名称にしていくとどうしても遺産名が長くなってきてしまいます。驚くほど長い遺産名を持つのがブラジルとアルゼンチンの両国にまたがる「グアラニのイエズス会布教施設群：サン・イグナシオ・ミニ、サンタ・アナ、ヌエストラ・セニョーラ・デ・ロレト、サンタ・マリア・マヨール（アルゼンチン側）、サン・ミゲル・ダス・ミソンイス（ブラジル側）」です。

この遺産は、ヨーロッパから新大陸にやってきたキリスト教カトリックのイエズス会の修道士達が、先住民のグアラニ人と共同生活を行いながらキリスト教の教えを広めた「レドゥクシオン」と呼ばれる伝道拠点跡です。イエズス会は海外でキリスト教を広める活動にも力を入れており、日本を訪れたフランシスコ・ザビエルもイエズス会の修道士でした。スペインやポルトガルの植民地拡大政策と共に南米を訪れた彼らでしたが、先住民を奴隷として連れ去ることに強く反対しており、レドゥクシオンには奴隷商人などから先住民を守る役割もありました。

しかし、先住民が集まって暮らすレドゥクシオンは奴隷商人にとって先住民を捕まえやすく、常に危険と隣り合わせでした。また、キリスト教は先住民にとって伝統的な宗教ではないため、ヨーロッパの価値観や生活様式を押し付けることに対する反発も大きく、しばしばレドゥクシオンに反対する先住民からも襲撃を受けて、多くの宣教師やキリスト教を信仰する先住民が命を落としました。それに加えて、宣教師がもたらした伝染病が先住民の間に広がるなど、イエズス会の布教活動は困難の連続だったと言えます。よほどの強い信仰と使命感がないとくじけてしまいそうです。

その後、スペインのカルロス3世が、カトリックの信者でありながら、君主としての自分の力を強めるためにカトリック教会の権力を抑え込もうとしました。その中で南米からイエズス会を追放したため、レドゥクシオンは衰退していきました。

イエズス会の修道士達は、現在の国境に関係なく活動していたため、レドゥクシオンはアルゼンチンやブラジル、パラグアイなどに残されています。最初はブラジルにあるサン・ミゲル・ダス・ミソンイスだけが世界遺産になっていましたが、翌年にアルゼンチンの4つのレドゥクシオンも含まれ、遺産名も長いものに変わりました。この長い名前、分かりやすいんだか分かりにくいんだか微妙なところですが。ちなみに、パラグアイにあるイエズス会のレドゥクシオン跡は「パラナ川沿いのイエズス会布教施設群：ラ・サンティシマ・トリニダ・デ・パラナとヘスス・デ・タバランゲ」として世界遺産に登録されています。こちらも長い名前ですね。

グアラニのイエズス会布教施設群：
サン・イグナシオ・ミニ、サンタ・アナ、ヌエストラ・セニョーラ・デ・ロレト、サンタ・マリア・マヨール（アルゼンチン側）、サン・ミゲル・ダス・ミソンイス（ブラジル側）

アルゼンチン共和国／ブラジル連邦共和国

［登録基準］④

イエズス会の宣教師が先住民のグアラニ人と共同生活をしながら布教活動を行った伝道拠点跡。アルゼンチン側4カ所とブラジル側1カ所が登録されている。

10カ国が手を携えて守る歴史

ドイツと国境を接するフランスのストラスブールに留学していた友人が、たまに自転車に乗ってドイツの街までお酒を買いに行っていたと聞いて、国境線が海で仕切られている日本では考えられない感覚だなと驚きました。ちょっとお酒を買いに外国まで行くなんて。どうもお酒が少しドイツの方が安かったそうです。逆に野菜などはフランスの方が安かったので、野菜を買いにドイツの人がフランスまで来ていたそうです。隣のスーパーの方が大根が100円安いからそっちに行ってみよう、という感じでしょうか。国境線というのは、あくまで政治的に引かれた目に見えない線にすぎず、特に地続きの場所では文化も自然も国境線に関係なく広がっています。ストラスブールのあるアルザス地方も、何度も国境線を変えながら、フランスとドイツにまたがって広がる文化圏を築いてきた歴史があります。

世界遺産条約では、国家がひとつの単位になっているので、国ごとで保護する遺産を選び、法律や予算を決めて世界遺産として守っています。しかし、それでは国境を越えて広がる遺産の保護が難しいという問題がありました。特に自然遺産では、保護すべき自然のすぐ隣で環境破壊が行われていたら、自然の保護が充分にできません。その環境破壊が国境を接する隣の国だった場合、環境破壊に強い規制がかけられないだけでなく、自分の国で頑張って保護していても無駄になってしまう可能性があるのです。

そこで、国境を越えて広がる遺産の保護には、関係する国が一緒になって保護計画を立てて守る「トランスバウンダリー・サイト（国境を越える遺産）」という登録方法が採られることがあります。最初はザンビアとジンバブエの「ヴィクトリアの滝」のような自然遺産が中心でしたが、７カ国にまたがる「ル・コルビュジエの建築作品」のように文化的背景が共通している文化遺産も最近は増えてきています。その中でも珍しいのが、10カ国にまたがる「シュトルーヴェの測地弧」です。シュトルーヴェの測地弧が珍しいのは、10カ国という多くの国に広がっていること。それに加え、その地域はもともとたった２カ国だった点です。

フリードリヒ・フォン・シュトルーヴェは、ドイツのアルトナに生まれたロシアの天文学者です。アルトナは当時、デンマーク領でした。彼はナポレオン戦争の時に徴兵を逃れて、ロシア帝国領のタルトゥに移り住みました。タルトゥは現在、エストニアにあります。

ややこしいですね。そしてタルトゥ大学で天文学を学ぶと、1813年からタルトゥ天文台で天文学を教えながら研究を続けました。1820年からは天文台長になって天文学で大きな功績を残したのですが、同時に研究を進めていたのが測地学でした。

彼は1816年から1855年にかけて、265カ所もの測地点を設置して三角測量を行い、地球の大きさや形について調べました。三角測量とは、基準となる線の両端にある点から、測定したい点への角度を測ることでその位置を確かめる、三角法や幾何学などを用いた測量方法です。その観測点は、北極海に面するノルウェーのハンメルフェストから、黒海に近いウクライナのイズマイルにあるスタラ・ネクラシウカまでの2800km以上に広がっています。小さな三角形をつなげながら蛇のように地図上にのびる測地点の姿は圧巻です。2800kmというのは直線にして東京からフィリピンのマニラにちょっと届かないくらいの距離。そんな距離をコツコツと測地点を定めながら測量していくなんて想像を絶する作業です。ちなみに同じ頃、日本では伊能忠敬《いのうただたか》がコツコツと歩いて日本地図を作り上げていました。昔の人の根気ってすごい！　このシュトルーヴェの測量によって、きれいなボールの様な球形をしている地球が、実はほんの少しだけ赤道の辺りがふくらんだ楕円形だということが証明されました。ニュートンの仮説は正しかったわけです。

世界遺産には265の測地点のうち、保存状態のよい34カ所が登録されています。シュトルーヴェが測地を行っている当時、測地点があったのはスウェーデン・ノルウェー連合王国とロシア帝国の2カ国だけでしたが、その後の国際状況の変化によって、その地域はウクライナとエストニア、スウェーデン、ノルウェー、フィンランド、ベラルーシ、モルドバ、ラトビア、リトアニア、ロシアの10カ国となっています。

地球規模の大発見を証明する偉大な「シュトルーヴェの測地弧」ですが、それぞれ登録されている資産は本当に地味なんです。あくまで測地のためのポイントなので、タルトゥ天文台やアラトルニオ教会などのように建物もありますが、多くは石に空けられた穴だったり石が積まれた石碑のようなものだったりします。偉大なものほど素朴なのかもしれませんね。

シュトルーヴェの測地弧

ウクライナ／エストニア共和国／スウェーデン王国／ノルウェー王国／フィンランド共和国／ベラルーシ共和国／モルドバ共和国／ラトビア共和国／リトアニア共和国／ロシア連邦

[登録基準]②④⑥

19世紀前半に、シュトルーヴェが2800km以上の距離に265カ所の測地点を設置して三角測量を行った跡の内、現在10カ国にまたがる34カ所が登録された。

カルカッソンヌの歴史的城塞都市

今さら違うって言われても……

ヨーロッパの旧市街を歩いていると、中世の人々も今の僕と大して違わない景色を眺めていたんじゃないかなと思うことがあります。こうした中世の雰囲気が残る街並みは、修復を繰り返すなど努力して残されてきたものです。例えば、12～13世紀頃に作られた二重の城壁が旧市街を囲むフランス南部のカルカッソンヌ。まるで映画のセットの中に入ったかのような、中世の城塞都市の雰囲気を伝える世界遺産として人気ですが、現在目にすることができる姿は、19世紀に行われた大規模な修復プロジェクトによるものです。

ピレネー山脈をはさんでスペインと向き合うカルカッソンヌには、紀元前6世紀頃からガリア人と呼ばれるケルト系の人々が住んでいました。13世紀半ばのスペインのアラゴン王国と領土争いが続いていた時代に、国境を守る最前線の城塞都市として、既にあった都市を囲む城壁の外側にもう一回りの城壁が築かれ、塔などの防衛機能が追加されました。その後の宗教戦争の時も、キリスト教カトリックの拠点として重要な役割を果たしましたが、1659年にフランスとスペインの間にピレネー条約が結ばれて国境が決まると、城塞都市の重要性は薄れていきました。住民の多くは都市を去り、貧しい人々が廃墟に居座るようになりました。塔や建物が穀物などの倉庫として使われた他、新たな建物を建てるために城壁などの石が運び出されてしまい、都市全体が朽ち果てようとしていました。

そんなカルカッソンヌを救ったのが、中世の歴史的な都市や建造物を再評価するロマン主義の流行でした。カルカッソンヌで生まれた歴史家で市議会議員も務めたジャン・ピエール・クロ・メイルヴィエイユが保護に立ち上がります。旧市街に残るサン・ナゼール大聖堂の発掘調査を進めた経験から、市が進めていた城壁を取り壊す計画を撤回させ、保護の対象を個別の建物から城壁内の旧市街全体にまで広げました。

ここで旧市街の修復プロジェクトを率いたのが、建築史家で中世建築の修復家でもあるウジェーヌ・エマニュエル・ヴィオレ・ル・デュクです。彼は世界遺産「ヴェズレーの教会と丘」のサント・マドレーヌ教会や、「パリのセーヌ河岸」のノートル・

ダム大聖堂などの修復を手がけた他、後に「自由の女神像」の内部構造の担当もすることになっていました。像が作られる前に亡くなったことで、エッフェル塔の設計で知られるギュスターヴ・エッフェルに引き継がれるのですが。そんな修復のスペシャリストであるヴィオレ・ル・デュクの下で、カルカッソンヌは美しく蘇りました。

しかし、彼の修復には問題がありました。ヴィオレ・ル・デュクは修復の際に、もともとの時代の歴史的・芸術的な価値を元通りに取り戻すことを目指しており、その建築様式の構造的にあるべきものが失われていた場合それを付け加えたり、逆に余計だと考えられるものを取り去ったりしたのです。そうした修復の仕方では、もともとの姿から違うものになってしまうことがありえます。カルカッソンヌでも彼が塔の上に付け加えた円錐形のとんがり屋根が問題となりました。

スレートと呼ばれる薄く加工した粘板岩《ねんばんがん》を使ったとんがり屋根は北フランスの城などで使われていたもので、カルカッソンヌのある南フランス一帯ではローマ風のタイルを用いた平らな屋根が主流だったというのです。ヴィオレ・ル・デュクは、旧市街の修復の時にスレートの破片をいくつも見つけたことや、13世紀にキリスト教の異端を討つためにカルカッソンヌに派遣されたアルビジョア十字軍の騎士のほとんどが北フランス出身で、彼らが南フランスの建築家や建築技術をもち帰ったとも考えられることから、とんがり屋根を採用しました。しかし、後に専門家の間で平らな屋根を支持する意見が主流となり、いくつかの屋根は平らな屋根に作りなおされました。

修復作業はとても慎重に行う必要があります。世界遺産では真正性という考え方が重視されていて、作られた当時の建材や建築法などが修復の時にも受け継がれている必要がある他、修復した場所がわかるように記録することや、「こうだったんじゃないか」という推測で修復をすることの禁止などが求められています。真正性のない修復を行ってしまうと、もともとの姿から離れていってしまうだけでなく、遺産の価値を壊してしまうことにもなるからです。ヴィオレ・ル・デュクの修復には批判もあるものの、彼が熱意をもって中世の建造物の修復を行ったことで残されてきた街並みもあるので、修復は難しいですね。

カルカッソンヌの歴史的城塞都市

フランス共和国

［登録基準］②④

ヨーロッパ最大規模の城壁に囲まれた中世城塞都市。総延長3000mの二重の城壁や52の塔の他、サン・ナゼール大聖堂や伯爵の城などが残されている。

ミラノのサンタ・マリア・デッレ・グラーツィエ修道院とレオナルド・ダ・ヴィンチの「最後の晩餐」

絵画は世界遺産になれない？

大学院の学生だった頃、毎日のように入り浸っていた教授の研究室があります。窓からは演習林が見える古くて狭い室内には大量の専門書の他に、画集や小説、額に入った絵画、そしてなぜか餅が無造作に置かれていました。ソファの上にまで積まれた本をどけてわずかな隙間にお尻をねじ込み、その研究室の主である恩師のいれてくれたエスプレッソを飲みながら、授業の準備をする教授とは別にひとり小説のページをめくったことを覚えています。教授は、学生研究室が殺風景だといっては、よく絵画のレプリカやポスターを貸してくれました。絵画がひとつあるだけで部屋の雰囲気はずいぶんと変わります。

小説や絵画、音楽などの芸術は、人類の文化に大きな影響を与えてきましたが、これらは世界遺産にはなっていません。なぜなら、世界遺産は土地や建造物などの「不動産」を保護の対象とするものだからです。ミロのヴィーナスも、レオナルド・ダ・ヴィンチの「モナ・リザ」も、ピカソの「ゲルニカ」も、どんなに素晴らしく影響力のある芸術作品でも、動かせるものは世界遺産としては守られていないのです。しかし、絵画なのに世界遺産になっているものがあります。それが壁画です。壁画は動かすことのできない不動産の一部として、世界遺産に含まれています。普通は建物が世界遺産としての中心で、壁画はそこに描かれているお飾り的な立ち位置なのですが、それが逆転して壁画が中心になっている世界遺産が、レオナルド・ダ・ヴィンチの壁画「最後の晩餐」です。

イエス・キリストが磔にされ処刑される前夜、イエスは12人の弟子達と共に食事をしていました。その場でイエス自身の口から、弟子のひとりがイエスを裏切り、残りの弟子達もイエスの苦難を前に逃げ惑うということが告げられます。それを聞いた弟子達の驚きや動揺する姿を描いたのが「最後の晩餐」です。

「最後の晩餐」はキリスト教絵画のテーマとしては有名なもので、レオナルド・ダ・ヴィンチ以外でも、多くの人が作品に残しています。しかし、最も有名な「最後の晩餐」がレオナルドのものではないでしょうか。レオナルドの「最後の晩餐」は、北イタリアのミラノにあるサンタ・マリア・デッレ・グラーツィエ修道院の食堂の壁に描かれていました。なんと豪華な食堂だったのでしょう。

　この絵画は数々の危機に直面してきました。レオナルドは、重ね塗りや繊細な色の使い分けをするために、生乾きの漆喰に顔料で描くという一般的な壁画の画法であるフレスコ画の技法ではなく、顔料を卵や膠《にかわ》などに溶いて描くテンペラ画で描きました。これにより絵画としての繊細さを手に入れたものの、テンペラ画は壁面への顔料の接着が弱く、レオナルドが生きているうちから顔料が剥《は》がれ落ち始めてしまいました。また食堂に描かれているため、人々の吐く息や食べ物の湿気などでカビが発生した他、壁に扉をつけるために絵画中央の下の部分に穴が開けられ、ナポレオンの時代には馬屋として使用され、大洪水の際には水没し、第二次世界大戦では建物が破壊され雨ざらしにされていました。15世紀末に描かれた「最後の晩餐」が残されていること自体が奇跡的なことだといえるのです。

　この「最後の晩餐」には、遠近法などいくつか画期的な表現があるのですが、特に興味深いのが、イエス・キリストや弟子達を「人間らしく」描いている点です。レオナルド・ダ・ヴィンチが活躍した時代は、ルネサンスと呼ばれる時代です。ルネサンス以前のヨーロッパは、人々の毎日の生活も思想も、建築も芸術も、すべて神が中心にあり、神に捧げられた時代でした。それが、商業を通じて発展したフィレンツェなどの都市で、教会のしがらみに囚われない自由な気風が生まれ、人々は人文主義（人間主義）を中心とした思想や建築、芸術を生み出しました。それがルネサンスです。ルネサンスとは、神から人への文化運動であるということができます。

ルネサンス以前の12世紀頃に描かれた「最後の晩餐」では、イエスには光り輝く「光背」が描かれ、聖なる人物であることが強調されていますが、ルネサンス期に描かれたレオナルドの「最後の晩餐」では、イエスは「普通の人間」と同じような姿で描かれています。「普通の人間」といっても、そこら辺にいるおじさんみたいな姿ではなく品位が感じられる姿なのがすごい。神から人へという、ルネサンスを象徴する絵画なので、世界遺産名にまで登場しているのでしょうね。

ミラノのサンタ・マリア・デッレ・グラーツィエ修道院とレオナルド・ダ・ヴィンチの「最後の晩餐」

イタリア共和国

[登録基準]①②

15世紀半ばにミラノ公の指示により作られたドミニコ会の修道院。「最後の晩餐」と共に、ゴシック様式の建築とルネサンス様式の聖堂内部が評価された。

トンガリロ国立公園

文化と自然のつながりが生んだ新しい守り方

大学院生の頃、研究関連でフランス領ポリネシアに1週間ほど滞在したことがあります。アルバイト代を貯めての貧乏旅行者だった僕は、周囲の新婚旅行客ばかりの中で明らかに異質なバックパックを背負った姿で、首都パペーテの空港で彼らと別れてからは現地で一度もすれ違うことのない地味な生活でした。それでも、眺めているだけで時間を忘れる青く美しい海や、星数が多すぎて怖くなるような夜空は、こうした美しい自然から影響を受けていない文化はあり得ないだろうなと感じるのに充分でした。しかし世界遺産では、このように文化と自然が深く結びついた遺産を登録出来るようになったのはそんなに昔のことではありません。

世界遺産条約の特徴は、文化遺産と自然遺産を1つの条約で守っている点にあります。しかし、文化遺産と自然遺産は基本的には異なる基準で別々に登録が判断されてきました。文化遺産と自然遺産の両方の価値を持っている複合遺産も、文化と自然の価値がそれぞれ同じ遺産で認められているに過ぎず、文化と自然が深く結びついて一つの価値になっているのとは違います。条約の成り立ちなど理由は様々あるのですが、根底には文化と自然を別々に考えるヨーロッパのキリスト教的な考え方があると思います。一方で、日本などのアジアやポリネシアの文化などでは、文化と自然を結びつけて考えるのは当たり前の感じがしますし、ヨーロッパでも自然信仰と結びつく文化は多くあります。

そこで、1992年の世界遺産委員会で文化と自然が結びついた遺産を評価する「文化的景観」という考え方が登場しました。これは文化遺産に含まれる概念です。なぜなら、自然環境から影響を受けた文化や自然に人間の手が加わった美しい景観は、文化の点からは評価しやすいですが、自然としては評価しにくいからです。例えば、人々が開墾して糸杉を街道沿いに植えた美しいイタリアの景観「オルチア渓谷」は、美しく手入れされた庭のようなもので、「自然」とは言えないんじゃないの？　ということです。言いたいこともわかります。そのため人と自然が共に作り上げた景観を文化遺産として登録することで、文化と自然を一緒に登録出来るようにしたのです。世界遺産条約が出来てから20年目のことでした。

その文化的景観の価値が1993年に初めて認められた遺産が、トンガリロ国立公園です。トンガリロ国立公園の一帯はタウポ火山帯にあり、約25万年前の火山活動によって誕生しました。火山の噴火によって蒸気や火山灰が吹き上げられ、周りには噴火によって出来たカルデラ（火山活動によってできたくぼ地）や風雨によって削られた荒々しい山肌が広がっています。その姿は、「ロード・オブ・ザ・リング」に登場する「滅びの山」のイメージそのまま。実際に映画では、王国モルドールとエミン・ムイルの荒野がここで撮影されました。

またこの火山帯の地熱は発電に利用され、ニュージーランドはイタリアに次いで世界で2番目に地熱発電所が作られた国になりました。こうした火山帯特有の景観と地球の歴史がわかる点が評価され、１９９０年に自然遺産として世界遺産になりました。

この一帯は、先住民マオリにとって聖なる地として古くより大切にされてきました。トンガリロ山やナウルホエ山、今も活発に火山活動を続けるルアペル山が聖なる山として信仰されてきただけでなく、地熱を料理や食糧の保存、怪我や病気の治療、祭礼などに使っていました。まさにこの地の自然とマオリの文化は一体となっていたのです。しかし、ヨーロッパからの入植者とマオリの間で１８４０年にワイタンギ条約が結ばれ英国直轄の植民地になると、条約を無視した入植者とマオリとの間で土地所有を巡る争いが繰り返されるようになりました。このままでは神聖な土地を守り抜くことが難しいと判断したマオリの首長テ・ヘウヘウ・ツキノ4世は、1887年にこの地を英国のヴィクトリア女王に寄進し、国家の保護の下で守ってゆくことを提案。1894年にニュージーランド初の国立公園として保護されることとなりました。

1990年、ニュージーランド初の世界遺産の1つとして自然遺産に登録されるのですが、マオリの文化には長い年月受け継がれる建造物などがないため、自然保護の観点だけでなく不動産を保護する文化遺産の考え方でも守られないという問題がありました。そこで世界遺産委員会で文化的景観の考え方が誕生すると、翌年には自然環境とマオリの文化の強いつながりが文化的景観として評価され、自然遺産と文化遺産両方の価値をもつ複合遺産となりました。この地の自然には、自然環境としての価値と、人々の文化に強い影響を与えた文化的価値の両方が認められたわけです。こうしてマオリの文化も含めて自然が守られることになりました。

トンガリロ国立公園

ニュージーランド

[登録基準]⑥⑦⑧

トンガリロ山とナウルホエ山、ルアペフ山の他に、エメラルド色のカルデラ湖や溶岩に覆われた荒野や氷河など、火山帯特有の景観が広がっている。

ハワイ火山国立公園

「ユネスコやめます！」

2018年末、アメリカがユネスコから脱退しました。ユネスコ関係者には大きな出来事でしたが、アメリカは2011年に、各国が負担するユネスコへの分担金の支払いを止めていましたし、2017年10月にはユネスコ脱退を表明していたので、2018年末は大きな混乱もなく、また大きなニュースにもならず、ユネスコから脱退したように思います。脱退の理由には、ユネスコが「反イスラエル的」で「政治的に中立でない」こと、「根本的な改革が必要である」ことなどが挙げられていますが、アメリカ・ファーストを掲げる政権内の事情などもあります。

アメリカのユネスコ脱退は今回が初めてではありません。冷戦時代の1984年には、ユネスコがソ連の影響を強く受けている上に組織内の汚職などもあるとして脱退します。その後イラク戦争を強行したアメリカが、国際社会へ協力や理解を求めた時期と重なる2003年まで、ユネスコに復帰しませんでした。今回は、パレスチナのユネスコ加盟が引き金となりました。イスラエルとの関係が深いアメリカにとって、パレスチナが国際機関に加盟し発言する機会をもつことは納得できないものでした。国連と違い、ユネスコにはアメリカに常任理事国の権利も拒否権もなく、ユネスコの予算の約4分の1も支払っているのにその他の国々と同列に扱われることも気に入らないのかもしれません。しかしユネスコは、いわゆる「大国」に気を遣いながら活動をしているわけではない点がよいのです。

では、アメリカがユネスコから脱退すると、アメリカの世界遺産はどうなってしまうのかというと、ユネスコから脱退したからといって世界遺産がなくなることはありません。逆に世界遺産を新しく登録することだって可能です。なぜなら、ユネスコで採択された世界遺産条約ですが、その運用は条約を批准した加盟国が行っており、世界遺産条約から抜けない限りは、ユネスコに加盟しているかどうかは関係ないからです。実際「ハワイ火山国立公園」は、アメリカがユネスコを脱退していた１９８７年に世界遺産登録されました。

マウナ・ロアとキラウエアの２つの活火山を有す

るハワイ火山国立公園は、ハワイ諸島のハワイ島にあります。ハワイ諸島の誕生はプレートの動きと関係しています。地球の表面は、プレートと呼ばれる厚さ100㎞ほどの岩盤に覆われていますが、このプレートは1枚ではなくてサッカーボールの表面のように、いくつもの形の違うプレートが組み合わさっています。そのプレートが動くことによって山ができたり島ができたり、地震が起こったりするのです。

ハワイ諸島は太平洋プレートのほぼ中央にあって、その太平洋プレートの下には火山の原因となる強力なマグマ溜まりがあります。マグマ溜まりの圧力が高まって地上に向かってマグマを爆発させると、マグマがプレートを盛り上げながら地表を突き破って火山噴火となります。海の底にあるプレートが噴火によって盛り上がり、地表が海の上にまで顔を出したものが火山島で、ハワイ諸島はこうした火山島の島々からなります。そして太平洋プレートは南東から北西に向かって動いており、火山が噴火して島ができるたびにプレートが北西に動いていくので、まるでベルトコンベアーに乗っているように島々が北西に運ばれていって、海の上に島が連なるハワイ諸島となりました。つまり、ハワイ諸島はオアフ島など北西にある島ほど古く、南東の端にあるハワイ島はもっとも新しい島になります。マウナ・ロアとキラウエアはハワイ島の南部にあり、より北西に位置するマウナ・ロアは

1984年以降活動を休止していますが、南東に位置するキラウエアは今でも活発に活動を続けています。しかし、キラウエアの噴火もやがて休止すると考えられています。

地元ではキラウエアの火口には美しい女神ペレが住んでいると信じられてきました。この女神ペレは、美しいのに気まぐれで、負けず嫌いで、すぐ焼きもちを焼く、傍から見ているとてもかわいらしい女性です。しかし彼女は、怒るとすぐに火山を噴火させるのです。近くに住んでいる人は大変そうですが、人々は「またペレが怒ってるよ！」と、親しみを込めて見守ってきました。キラウエアの噴火は溶岩の粘度が低いために大爆発が少なく、溶岩の流れも読みやすいので、比較的安全な火山だと考えられているためです。人々は噴火があると火口に彼女の好きな食べ物や花輪などを捧げて、彼女の怒りをなだめてきました。今後、プレートの動きによってキラウエアが噴火しなくなると、女神ペレもどこかに行ってしまうのでしょうか。それも寂しいですね。

ハワイ火山国立公園

アメリカ合衆国

［登録基準］⑧

ハワイ火山国立公園のうち、世界有数の活火山であるハワイ島南東部のマウナ・ロアとキラウエアの周辺が、地球の歴史を示す地形として登録されている。

ピュー族の古代都市群

アンバランス解消で眠れる遺跡に脚光を

富士山やニューヨークの自由の女神像、中国の万里の長城、エジプトのピラミッド群、ネパールのサガルマータ（エヴェレスト）などの他、京都やパリ、ローマなど、世界的に有名な遺跡や自然、都市の多くが世界遺産に登録されています。そのイメージがあるので、有名な遺産にはみんなが何となく「ここが世界遺産なのは納得だよね」と思うのです。逆に同じ理由で、あまり有名ではない、ぱっと見てもさえない感じのする遺産が登録されると、「何でこんなのが世界遺産なの？　すごいものは全部登録しちゃったから、あとは無理にこんなのまで登録してるんじゃないの？」なんて失礼なことを思う人が出てきてしまうのです。確かに、最近の世界遺産を見ていると、「こんな遺産初めて聞いた！」というものが多くあります。フランスの「タプタプアテア」やカナダの「ピマチオウィン・アキ」、アンティグア・バーブーダの「アンティグアの海軍造船所と関連考古遺跡群」など、名前を聞いてもピンとこない遺産ばかりですよね。

これには理由があります。まず、世界遺産は有名な文化財などへの国際的なお墨付きではなく、世界の文化や歴史を伝える遺産を守り受け継ぐことで、世界の多様性を守るものだということ。そして、世界遺産リストのアンバランスを直そうとする動きが世界遺産委員会で進められているということです。

世界遺産のアンバランスとは何かというと、１９９０年代初頭まで、世界遺産リストの半分をヨーロッパの遺産が占めていました。これでは「世界遺産じゃなくてヨーロッパ遺産じゃん！」という批判があったのです。そこで世界遺産リストがちゃんと世界を代表するリストになるように、１９９４年から「グローバル・ストラテジー」という戦略で、ヨーロッパ以外の遺産や、近現代の建築、先史時代の遺跡、産業遺産などが積極的に登録されるようになりました。有名ではない遺産が増えているのもそのためです。ミャンマーの「ピュー族の古代都市群」もその中で世界遺産になりました。

ミャンマーで最初の世界遺産になったピュー族の古代都市群には、ピュー族が紀元前2世紀から後9世紀頃にかけて築いたハリン、ベイッタノ、シュリ・クシェートラの3つの古代都市が登録されました。ピュー族を名乗る人はもういませんが、ピュー族の文化や伝承は今でも人々の中に残されています。面白いのが彼らの伝説です。３つの古代都市の中で最も大きいシュリ・クシェートラは、北から移り住んできたドゥッタバウン王が築いたとされる都市です。伝説によると、ブッダがこの地を訪れた時に地面の中から2匹の夫婦のモグラが顔を出しました。雄のモグラは素晴らしいブッダに会えたことを喜び、自分達の住む土地をブッダに寄進しました。するとブッダは微笑んで「何年か後に、ドゥッタバウン王によってこの地に大きな仏教の都が築かれるだろう」と言いました。そしてその雄のモグラこそが、後のドゥッタバウン王だったそうです。伝説の王がモグラだなんて。こうして王国となる都市を築いた夫婦のモグラですが、他の伝説によるとドゥッタバウン王と王妃ベイッタノは仲がよくなかったそうです。

もともとベイッタノは別の国の女王でした。ベイッタノの国に攻め入ったドゥッタバウン王は、彼女の国に洪水を起こすことが出来る太鼓があったため、なかなか攻め落とすことが出来ませんでした。そこでドゥッタバウン王は、仏教の僧侶に変装させた兵を送って信仰心の篤い女王を油断させると、太鼓の皮を犬とアヒルの皮に張り替えてしまいました。叩いても犬とアヒルの鳴き声しか出さない太鼓は役に立たず、ベイッタノの国は攻め落とされてしまいました。

こうしてむりやり王妃にさせられたベイッタノはずっと怒り心頭で、ドゥッタバウン王の霊的な力を奪うために死んだ人の服からつくったハンカチを贈ったり、子どもへの授乳中に仏塔のデザインを王から相談された時には、自分の胸を見せて「こんな形にしたらいいんじゃない？」と適当な返事をしたりしました。シュリ・クシェートラの城壁の外に残る仏塔が、おっぱいの様な形をしているのはそのためだというのです。プラ・プラーン様式と呼ばれる、大砲の弾の様な形をしたタイの仏塔よりもふくよかなシルエットで、そんな伝説があるのも納得です。また、この地の仏像にメガネをかけているのがあるのは、霊的な力を奪われたドゥッタバウン王がブッダにメガネを贈って力を取り戻したためだそうです。面白いですよね。

世界には僕達が考えている以上に様々な文化や歴史があって、世界遺産はそれらに触れるきっかけをくれます。聞いたことがないような名前の遺産だからって、侮ってはいけないのです。これだから世界遺産はやめられません。

ピュー族の古代都市群

ミャンマー連邦共和国

[登録基準]②③④

インドと中国の交易路にあったため、双方から影響を受けたことがわかる3つの都市遺跡からなる。未発掘の遺跡も多く、一部の文字も含め謎が残されている。

京都と奈良はなにが違う？

大学院時代の親友が働いていて、気の置けない何人かの友人が暮らしていて、日本で一番美味しいと思う洋食屋があって、さらに縁あって1年過ごしたことがある京都は、大好きな街の1つです。住んでいるときは、よく家の近くの賀茂別雷《かもわけいかづち》神社（上賀茂神社）を流れる「ならの小川」にいって本を読んだり、ぼーっとしたりしていました。今から考えるとずいぶん贅沢な時間です。それからほぼ毎年、1年に数回は京都を訪れて歩き回っています。

仕事の関係もあって、京都のお寺や神社にはよく行くのですが、それぞれ違う特徴や魅力があります。しかし、写真などでお寺や神社を見ていると、京都と奈良の違いがよくわからない、という声を聞くことがあります。京都や奈良だけではなく、全国のお寺や神社が同じように見えると。厳島神社のようによほど特徴的な建築でない限り、朱塗りの鳥居や五重塔、木造の社殿などの違いが分かりにくいのは、まぁそうだよねと思います。「古都京都の文化財」と「古都奈良の文化財」、どちらも日本古来のお寺や神社が登録されている、海外の人がイメージする「日本」にぴったりの世界遺産です。構成資産の見た目もそっくりなのですが、世界遺産としてみると京都と奈良の世界遺産ははっきりと違っています。

世界遺産がもつとされる「顕著な普遍的価値」とは、どんな国のどんな文化の人も、男性も女性もどの世代の人も同じように素晴らしいと納得する価値です。しかし、現実には「そんな価値ってあり得るの？」って思ってしまいますよね。家族や親しい友人同士でも価値観は異なるのに。そこで世界遺産では、顕著な普遍的価値を証明するために、10個の登録基準を定めています（P.10参照）。その基準のどれかひとつでも、誰もが納得する価値があれば、その点において顕著な普遍的価値があると考えられるのです。

例えば、登録基準①は「人間の創造的資質を示す」遺産に認められるものですが、「人間ってすごいもの作ったな！」という点で世界中の人が納得したら、登録基準①で世界遺産に登録されます。エジプトの三大ピラミッドのある「ヌビアの遺跡群」で登録基準①が認められています。納得ですよね。

京都と奈良の世界遺産としての違いも、登録基準を見るとわかります。古都京都の文化財には登録基準②④、古都奈良の文化財には登録基準②③④⑥が認められています。重なるところもあるのですが注目は登録基準③です。登録基準③は「文明や時代の証拠を示す」

遺産に認められるものです。この地にはこんな文明や時代があったんだ、ということを証明している遺産だという評価です。そのため、登録基準③が認められている古都奈良の文化財は、仏教を中心に日本の律令制度の基礎が築かれた奈良時代を証明しているという点が評価されていることがわかります。構成資産を見ると、奈良に都が置かれた8世紀に作られたものが登録されています。一方で、古都京都の文化財には登録基準③が認められていないので、何か1つの時代や文化の存在を証明する遺産ではなく、長い年月の間、日本の文化や政治の中心であった点が評価されていることがわかります。

京都で認められている、「文化交流を証明する」登録基準②からは、京都の文化や街づくりなどが日本各地に影響を与えていったこと、「建築技術や科学技術の発展を証明する」登録基準④からは、日本の歴史のそれぞれの時代で変化してきた建築や庭園の様式が京都で見られることがわかります。京都の構成資産を見ると7世紀から17世紀までのものが含まれ、奈良との違いがはっきりしているのです。

最近、古都京都の文化財で話題になったのが、賀茂御祖神社《かもみおや》(下鴨神社)の敷地内でのマンション建設です。賀茂御祖神社は平安時代に作られ「国家鎮護の神社」とされた大変由緒のある神社です。敷地内には「糺《ただす》の森」と呼ばれる原生林が残されていることでも知られます。そんな場所にマンションを作るなんて何してるの!?　と驚いてしまいますが、これには事情があります。

賀茂御祖神社は式年遷宮と呼ばれる、21年に1度の社殿の建て直しを行っています。現在では、社殿の全てを建て直すのではなく、神様に本殿とは別の社殿に仮に遷《うつ》って待ってもらっている間に修造を行い、また神様に戻ってきてもらうという方法の遷宮が行われています。全てを建て直すのに比べれば、経費も抑えられるのですが、それでも1回に30億円ほどかかってしまうのです。神道にはお寺の檀家制度のようなものもなく、遷宮などの費用の多くは寄付に頼らざるを得ません。しかし現代では、その寄付も減っているために考え出された苦肉の策が、世界遺産の周囲のバッファー・ゾーンでのマンション建設でした。これも1000年以上も文化の中心のひとつであり続ける、京都ならではの保護の姿なのかもしれません。

古都京都の文化財

日本国

[登録基準]②④

京都にある鹿苑寺(金閣)や清水寺、平等院、二条城などと、滋賀にある延暦寺の17件の寺社と城跡が、日本の各時代を代表するものとして登録されている。

伊勢神宮は世界遺産じゃないの?

日本人の総氏神として信仰を集めている伊勢神宮は、世界遺産には登録されていません。そもそも伊勢神宮は長い年月、しっかりと守られてきていて、特に世界遺産という枠組みでの保護は求めていないのでしょう。しかし、それ以外にも理由が考えられます。伊勢神宮が20年に1度「遷宮《せんぐう》」を行っていることが、世界遺産の保護の考え方とは決定的に相容れないのです。伊勢神宮の遷宮は、社殿をすぐ隣りの敷地に全て新しく建て直して、そこに神様に遷ってもらう方式が採られています。一方、世界遺産の下鴨神社などでは、神様に少し仮住まいしてもらっている間に社殿を修造し、新しく綺麗に改修された社殿にまた戻ってもらうという方式が採られています。どちらも遷宮ですが、世界遺産で重視される「真正性」の観点からすると全く意味合いが異なります。

下鴨神社などの方式は真正性に基づき修復されて、作られた当時の伝統を受け継いでいることになりますが、伊勢神宮の方式は新たに建て直しているため、建築材や建築技法などが伝統に則ったものであっても、作られた当時のものが残され受け継がれているという意味での真正性は認められません。そのため、伊勢神宮が世界遺産になるのは難しいのです。

第5章

映《ば》える世界遺産のひみつ

ナミブ砂漠

真っ赤な砂漠から始まる不思議な物語

世界各地の文化や自然を代表する世界遺産は、フォトジェニックなものが多いため、映画の舞台としてよく登場します。トレヴィの泉が登場する「ローマの休日」や、ヴェルサイユ宮殿が登場する「マリー・アントワネット」などのように、世界遺産がそのまま舞台になっているものもあれば、「インディ・ジョーンズ／最後の聖戦」に登場するヨルダンのペトラや、「ロード・オブ・ザ・リング／王の帰還」に登場するトンガリロ国立公園のように、世界遺産のイメージを作品の中の世界観に合わせて流用しているものもあります。そのため、映画のロケ地として積極的に誘致しているところもあり、世界遺産を知っていると映画を観るときの楽しみが少し増えるのです。多くの世界遺産が登場する映画の中でも僕が気に入っているのが、ターセム・シン監督の「落下の王国」です。

インドで生まれたシン監督は、24歳でアメリカに渡ると、ミュージックビデオやテレビCMなどで映像制作に携わってきました。「落下の王国」は、彼の2作目の映画作品です。彼はどうしてもこの物語を映画にしたくて、制作費を自分の貯金から出すだけでなく、

CMの制作で海外を訪れる時には映像を撮りためるなど、長い時間をかけて完成させました。2006年の完成当時、映画の中に13の世界遺産が出てくるとされていましたが、映画を観ながら数えてみると、その後に登録された遺産も含めて20件弱の世界遺産が登場しています。「タージ・マハル」や「ジャイプールのジャンタル・マンタル」などインドの世界遺産が多いのですが、他にもイタリアの「ティヴォリのハドリアヌス別荘」や、チェコの「プラハの歴史地区」、トルコの「イスタンブルの歴史地区」、インドネシアの「バリの文化的景観」などが、映画の幻想的な世界観の中で効果的に使われています。

大怪我をした映画のスタントマンが、入院している病院で知り合った5歳の移民の女の子に、「千夜一夜物語」のように小話を物語っていくストーリーなのですが、その最初に登場する世界遺産の1つがナミビアの「ナミブ砂漠」です。物語を話す主人公とそれを聞く女の子の頭の中にイメージとして描かれる真っ赤な砂漠で、アレクサンドロス大王と兵士達が絶望するシーンは強烈なインパクトがあります。

ナミブ砂漠は、世界でも珍しい海岸に位置する砂漠です。「ナミブ」とは、この地に住むサン族の言葉で「何もない」という意味で、ナミビアの海岸沿いに南北1200km以上もの砂漠が広がっています。1200kmというと、日本の本州最北端の青森県むつ市から本州最西端の山口県下関市までの直線距離と同じくらい。本州全て砂漠という感じです。アフリカ内陸部から風や川の流れによって運ばれてきた砂が、海からの強い風によって押し返され、壁の様な砂丘が作られました。砂漠が錆びたような赤い色をしているのは、海からの風に砂が押し戻される時、砂に空気中の鉄分がついて、それが酸化するためです。

ナミブ砂漠の動植物に大きな影響を与えているのが、海で発生する濃い霧です。この霧は風に流されて砂漠にまで立ち込め、乾燥した大地に水分を与えます。ナミブ砂漠の年間の平均降雨量が27㎜なのに対して、霧がもたらす年間の平均霧水量は31㎜もあるそうです。乾燥した砂漠で少しでも多くの水分を得ようと、植物は地表近くの浅いところに根を広げて、霧が湿らせた水分を吸収しています。霧がナミブ砂漠の植物には欠かせません。一方で、「奇想天外」という名前でも知られる、一対の葉をひたすら伸ばし続けるウェルウィッチアという珍しい植物は、ひたすら垂直に根を下ろしていって地下深くの水を吸い上げています。水分の少ない砂漠を生き抜くには工夫が必要なのです。

ソススフレイと呼ばれる湿地に、デッドフレイと呼ばれる場所があります。デッドフレイとは「死んだ湿地」という意味。乾燥のために約800年前に枯死したと考えられているアカシアの木が何本も立っています。完全に枯れている上に、太陽に焼かれて真っ黒になったアカシアが、乾燥した大地に突き刺さっているように見える光景は、その一帯そのものが化石になっているかのようです。

もう1つナミブ砂漠の魅力となっているのが星空です。人工の灯りがほとんどなく乾燥した砂漠では、望遠鏡を用いなくても驚くほどの星を見ることが出来ます。世界遺産に登録された地域に隣接するナミブランド自然保護区は、2012年にアフリカ初の「星空保護区」に選ばれました。これは光害問題に取り組むアメリカのNPO団体「国際ダークスカイ協会」が認定した、美しい星空を守るための保護区です。「国際ダークスカイ協会」って名前はちょっと怪しい響きがありますが、世界各地で美しい星空を守る活動をしています。世界遺産にはまだ、星空を保護するものは登録されていません。今後もしかするとナミブ砂漠で星空の美しさが価値として加わるかもしれませんね。「落下の王国」では、星空をイメージしたい女の子が、ぎゅっと閉じた目をゴシゴシっとすると星空が見えるという、かわいいエピソードがありましたが。

ナミブ砂漠

ナミビア共和国

[登録基準]⑦⑧⑨⑩

ナミビアは国土の4割近くを国立公園や自然保護区として守っており、そのうち大西洋に面する約3万㎢の砂漠が登録された。珍しい植物なども生育している。

ウェストミンスター宮殿、ウェストミンスター・アビーとセント・マーガレット教会

時間に追われる大人が夢見る場所

学生の頃、よく空を飛ぶ夢を見ました。気持ちよく空を飛んでいることが多いのですが、論文の締切が近いのに書けていない時などは、飛びたいのにうまく飛び上がれず、今思い出しても苦しい夢でした。論文が書き上がるとまた、ピーター・パンのようにびゅんびゅん飛び回っていたので、我ながら能天気だなと思います。そのピーター・パンが飛んでいたのが、ロンドンの夜空です。ウェストミンスター宮殿に付属する時計塔「ビッグ・ベン」の周りを気持ちよさそうに飛ぶ姿は、本当に楽しげでした。「ピーター・パン」の中でロンドンの象徴として描かれるウェストミンスター宮殿とビッグ・ベンですが、歴史的に見ても英国の歴史を代表する建物といえます。

現在の英国は4つの国の連合王国です。その中の1つ、ロンドンのあるイングランドでは、13世紀半ばに国王の圧政に対して聖職者や貴族、都市の代表などが集会を開き、法律や税制などに対する意見を述べるようになりました。これが現在の英国議会の始まりです。この集会が開かれたのがウェストミンスター宮殿内のホールでした。1603年にイング

ランド王となったジェームズ1世と王位を継いだ息子のチャールズ1世は、王の権利は神から授けられたものであるとする王権神授説を掲げて、議会を軽視した独断的な政治を行い、議会での多数派であったピューリタン（キリスト教プロテスタントの一派）に対して激しい弾圧を加えました。議会を無視し、国民の権利を踏みにじる国王に対して、議会は「権利の請願」を可決し、議会の承認なしに課税をしないことや、法律を無視して国民を逮捕しないことなどを約束させましたが、王はこれをすぐに無視。議会を解散させると11年間も議会を開かず専制政治を行いました。

その後、スコットランドの反乱を制圧するための費用が足りなくなった王は、議会を召集してお金を工面させようとしますが、議会からは厳しい反対と批判を受けてしまいます。怒った王は、自分に従わない議会を武力で押さえ込もうとし、王を支持する王党派と議会派が対立する内乱に発展しました。これがピューリタン革命です。結局、チャールズ1世

は議会派に破れ、裁判の末に処刑されてしまいました。このピューリタン革命のきっかけとなったのが、チャールズ1世が兵士を連れてウェストミンスター宮殿の議場に乗り込み、ピューリタン議員の逮捕を求めた事件です。この事件のために、英国国王は、現在でも庶民院（下院）に足を踏み入れることが許されていません。一方、国王が貴族院（上院）に赴く時には、下院議員1名が「人質」としてバッキンガム宮殿に留まるそうです。400年近くも昔の出来事が現在にも関係しているんですね。

現在のウェストミンスター宮殿は、19世紀の火災で焼失した後にゴシック・リバイバル様式で再建されたものです。舞台『ピーター・パン あるいは大人になりたがらない少年』がロンドンで初演されたのは1904年のこと。ピーター・パンが飛ぶウェストミンスター宮殿とビッグ・ベンは、完成したばかりのロンドンの新たなシンボルでした。子ども達が年をとらない国ネバーランドに住むフック船長は、かつて自分の片手を食べたチクタクワニを恐れて逃げ回ります。チクタクワニは目覚まし時計を飲みこんだために、おなかの中から針のチクタク進む音が聞こえるのですが、時計の音におびえるフック船長の姿は、「時間に追われる大人」を表しています。1904年の頃からもう、大人は時間に追われていたのですね。大人になりたくないピーター・パンは、時間に追われる大人が夢見た姿なのかもしれません。

ウェストミンスター宮殿と一緒に登録されている寺院ウェストミンスター・アビーには、内部に豪華な彫刻や彫像がたくさんあります。それは多くがお墓です。「この彫刻すごいなぁ、ニュートンのお墓かぁ。これもすごいなぁ、これはヘンデルのお墓なんだ」なんて見上げていると、足元ではダーウィンのお墓を踏みつけていたりします。もうそこらじゅうお墓だらけで、文字通り足の踏み場もないくらい。しまいにはステンドグラスの絵がお墓代わりになっている人だっています。

この満員のウェストミンスター・アビーに、新しく埋葬されたのが、２０１８年に亡くなられた英国の物理学者スティーヴン・ホーキング博士です。重い病と闘いながらもブラックホールなどに関連する研究で大きな成果を挙げられた博士は、この大聖堂でも先人の科学者達と議論を続けられるのかもしれませんね。

ウェストミンスター宮殿、ウェストミンスター・アビーとセント・マーガレット教会

英国

[登録基準]①②④

英国議会のあるウェストミンスター宮殿や、国王の戴冠式が行われるウェストミンスター・アビー、一般の信者が礼拝するセント・マーガレット教会からなる。

ペルセポリス

フォースと共にある古代都市

僕はジョージ・ルーカス監督の映画「スター・ウォーズ」を、リアルタイムで観た世代では残念ながらありませんが、それでもジョン・ウィリアムズ作曲のテーマ曲を聴くとわくわくとしてきてしまいます。あの音楽とわかりやすい世界観が「スター・ウォーズ」の魅力なのだと思います。「スター・ウォーズ」のシリーズを貫いているのが、ジェダイとシスの、善と悪の物語です。善のフォース（エネルギー）を用いるライトサイド（光明面）のジェダイと、悪のフォースを用いるダークサイド（暗黒面）のシスの2元論で物語の根幹が作られています。こうした「スター・ウォーズ」の、善と悪の世界観に強い影響を与えたのが、アケメネス朝ペルシアなどで強く信仰されていた、ゾロアスター教です。

ゾロアスター教は、紀元前7世紀ごろにザラスシュトラ（英語読みでゾロアスター）が興した宗教と考えられています。ニーチェの著書『ツァラトゥストラはかく語りき』の「ツァラトゥストラ」は「ザラスシュトラ」をドイツ語読みしたものです。ゾロアスター教では、善と悪の2元論で世界を捉えており、この世は善（光）の神アフラ・マズダと、悪

（暗黒）の神アーリマンとの絶え間ない闘争であるとされています。聖典「アヴェスター」では、最後の審判で善（光）の力が勝利すると考えられており、人々は最後の審判で楽園におもむくために、善思（よい考え）、善語（よい言葉）、善行（よい行い）を心がけ、善（光）の力を崇拝しました。また、善（光）の神アフラ・マズダの象徴として、「火」が尊ばれたため「拝火教」とも呼ばれました。

この善思、善語、善行をしないとダークサイドに墜ちるというところ、「スター・ウォーズ」のジェダイの教えにそっくりです。映画の中でアナキン・スカイウォーカーがダークサイドに墜ち、ダース・ベイダーになったのも、まさにそれが理由でした。世界遺産で、このゾロアスター教と結びついているのが、アケメネス朝ペルシアの重要な都市であった「ペルセポリス」です。

ペルセポリスという名前は、「ペルシア人の都市」を意味するギリシャ語に由来しますが、ペルシア語では「タフテ・ジャムシード（ジャムシードの玉座）」と呼ばれていました。ジャムシードとは、ゾロアスター教の神話に登場する人物で、イラン最古の王朝の王とされています。紀元前7世紀前半にオリエント（現在の中東地域）を統一したアッシリアが崩壊した後、一帯を統一したのが前6世紀中ごろに誕生したペルシア人のアケメネス朝ペルシアです。第3代国王のダレイオス1世は、西のエーゲ海北岸から東のインダス川にまで広がる大帝国を建設すると、帝国を20の州にわけ、各州にサトラップ（知事）をおいて統治しました。「王の目」「王の耳」と呼ばれる監察官に帝国内を巡回させて中央集権を図る一方、服従した異民族に対しては、彼らの風習を尊重し、自治を認めるなど穏和な政治を行いました。

ダレイオス1世は、紀元前520年頃にペルセポリスの建設にとりかかりますが、完成までには次の王であるクセルクセス1世と、それに続くアルタクセルクセス1世などの時代を経て、約60年もの時間がかかりました。建設には、大量の物資と人材が「王の道」と呼ばれる全長約2700㎞に及ぶ帝国内の道路網を使って、全土から集められました。地中海沿岸のレバノン杉、小アジアやバクトリアの黄金の他、エジプトの銀、エチオピアやインドの象牙なども運ばれてきたそうです。そうした装飾品や建材を使い、帝国各地から集まった職人が高度な建築技術を余すところなく注ぎ込んで作り上げました。

ペルセポリスは主に宗教儀礼の場として使われたと考えられており、毎年春分の日に執り行われた「新年の大祭」では、帝国内の各州から30以上の民族の使節が献上品を持参して王に謁見しました。使節団は、20ｍほどの高さの基壇の上にあるペルセポリスまで大階段を上がって入場し、人間の顔をもつ高さ約16mの有翼獣神像が見下ろすクセルクセス門を抜け、「謁見の間」であるアパダナで王に貢ぎ物を捧げました。その様子は、ペルセポリスの壁面に残る美しいレリーフからもうかがい知ることが出来ます。こうして繁栄したアケメネス朝ペルシアでしたが、ギリシャ征服を目指したペルシア戦争に敗れると、前330年にマケドニアのアレクサンドロス大王に征服され、ペルセポリスも炎上して廃墟となりました。

アケメネス朝ペルシアが大帝国を築くことができた背景には、アフラ・マズダの一神のみを信奉するゾロアスター教の教えも大きかったと考えられています。このゾロアスター教の教え、現在にも示唆に富んでいる気がします。情報が溢れ価値観が多様化し、力が多極化した現在、何が「善」で何が「悪」なのかわかりにくいというか、はっきりと善悪を分けることすら難しいですが、ひとりひとりが、様々な情報に惑わされずに、善思、善語、善行を心がけることが大切なのですね。

ペルセポリス

イラン・イスラム共和国

[登録基準]①③⑥

アケメネス朝ペルシアの最盛期に築かれた宗教都市で、石を積み上げた大基壇の上に謁見の間であるアパダナやアフラ・マズダのレリーフの残る玉座殿がある。

華やかなりし帝政ロシアの記憶

うちにはネコが1匹いました。たいてい暢気《のんき》にゴロゴロ寝ているのですが、僕が慌しくしていると一緒になって興奮して走り回っていました。これが忙しくする足にぶつかったりして邪魔なんです。ネコの手も借りたい、なんて言葉がありますが、ネコが手伝うことなんてないだろうなと思っていたら、ちゃんと手伝ってくれるネコがロシアのエルミタージュ美術館にいました。

サンクト・ペテルブルクにあるエルミタージュ美術館は、世界有数の美術館のひとつです。もともとは、ロシア皇帝の冬の宮殿「冬宮」として1762年に建設されました。この美術館で警備員として働いているのがネコ達です。始まりは、ピョートル1世の娘で、第6代皇帝となったエリザベータ・ペトロヴナが、美術品がネズミに齧られないようにネコを飼い始めたことでした。第8代のエカチェリーナ2世の時代にもネズミ対策としてネコ達が重宝され、そのままそれが今も続いているそうです。

現在のロシアの多くの地域は、13世紀前半から約1世紀もの「タタールのくびき」と呼ばれるモンゴル族の支配下にありました。そのため、ルネサンスや宗教改革などもなく、他のヨーロッパ諸国のように都市が発展することもなく、17世紀後半になっても「古い文化」が残っていました。そうしたロシアを近代国家へと導いたのがピョートル大帝ことピョートル1世です。彼はロシアの近代化を目指すために、1697年から1年半、自ら大使節団の一員としてヨーロッパ各国を視察して回りました。その時、皇帝としての身分を隠し

船大工として造船所で働くなど、自ら積極的にヨーロッパ各国の知識や技術を身に付けました。皇帝が身分を隠して働くなんて映画の登場人物のようです。帰国したピョートル1世は、さっそく学んできた知識をもとにヨーロッパモデルの内政改革と産業振興を行います。大改革の始まりとして大貴族の権利が制限され、貴族の長いあごひげは切ることが命じられました。従わない者には「ひげ税」が課されるほどの徹底ぶりです。

ピョートル1世が次に望んだのが、内陸に位置す

るロシアの玄関口となる港を手に入れることです。彼は強国スウェーデンとの北方戦争の最中にバルト海へとつながるフィンランド湾沿いの領土を手に入れ、その湿地帯に新都市を建設しました。これがサンクト・ペテルブルクです。湿地帯での都市建設は困難を極めましたが、最初につくられたペトロパヴロフスク要塞を中心に、何万人ものトルコ人やスウェーデン人戦争捕虜などが動員され、石畳の道路や多数の水路、運河と多くの橋、主要な建造物などが築かれました。その後、この都市に首都が遷されたことで歴代の皇帝が都市の整備を続け、後にエルミタージュ美術館となる冬宮や、エカチェリーナ宮殿など多くの宮殿や華やかな聖堂を誇る大都市となりました。第一次世界大戦の頃にはペトログラード、ソビエト連邦が成立するとレーニンにちなんでレニングラードと呼ばれていました。また、プーチン大統領の出身地としても知られています。

ピョートル1世に始まる帝政ロシアは、1917年にロシア革命が起こり皇帝ニコライ2世とその家族が処刑されて幕が下ろされました。華やかな帝政ロシアの宮廷の文化や歴史は、ソビエトでは否定されてきました。エカチェリーナ2世が美術品を集めていた冬宮には、貴族達から没収した美術品が集められ、エルミタージュ美術館となりました。エルミタージュ美術館には多くの美術品と共に、美しく華やかだった帝政ロシアの記憶が残っています。そんなエルミタージュ美術館の記憶を映像化したのが、アレクサンドル・ソクーロフ監督の映画「エルミタージュ幻想」です。

ソクーロフ監督が気付くと、エルミタージュ美術館の中にいたところから物語は始まります。しかも、それは現在ではなく帝政ロシアの時代の冬宮でした。そこで19世紀のフランス人外交官キュスティーヌ伯爵に導かれるまま、ピョートル大帝や雪の中を慌しく走るエカチェリーナ2世、ペルシアの使節と謁見するニコライ1世、後にロシア革命で悲劇の死を遂げる若く美しい皇女アナスタシアなどの姿を目にします。そして、舞踏会で踊る美しい衣装の人々や多くの美術品など、帝政ロシアの様々な時代の歴史や文化をちりばめたような冬宮内を歩き回ります。舞踏会に訪れた人々と一緒に冬宮を訪れ、帝政ロシアの時空を旅して、舞踏会が終わり帰る人々と共に宮殿を後にする。その約90分間が、流れるようなワンカットで撮影されているのです。これはロシアに行きたくなります。

サンクト・ペテルブルクの歴史地区と関連建造物群

ロシア連邦

[登録基準]①②④⑥

帝政ロシアの歴史や文化を伝えるサンクト・ペテルブルクとその周辺の地区。バロック様式のメンシコフ宮殿や、ロココ様式のエカチェリーナ宮殿などが残る。

サンティアゴ・デ・コンポステーラの巡礼路：カミノ・フランセスとスペイン北部の道

自分自身と向き合う孤独で美しい道のり

留学をしていた時、寮生活をしていたので近くに何人ものフランス人や日本人の友人がいましたが、毎日のほとんどは自分と対話する孤独な時間でした。留学生活って楽しいけれど孤独なんです。街を歩いていてもすれ違うのは見知らぬ顔ばかりですし、耳に入る言葉も街を飾る文字も日本語と違って積極的には頭に入ってこないので、新しい生活にはすぐに馴染んだ一方で、どこか自分の居場所ではない感じがしているというか。そんな理由もあって、街との関係を確かめるようにひたすら歩き回っていました。

そんな気持ちを思い出したのが、エミリオ・エステベス監督の映画「星の旅人達」です。アメリカで眼科医をしている主人公トムが、サンティアゴ・デ・コンポステーラを巡礼中に命を落とした息子の遺志を継ぐように、息子の遺灰と共に巡礼を続ける物語です。大筋はたったこれだけで、こう書くと全く面白くなさそうですが、そんなことありません。大学院を中退して家を飛び出して行ったきり疎遠であった息子を理解しようと、言葉も文化も知らない異国の街を黙って歩き続けるトムの姿には、僕と全く共通点はないのですが共感するところがありました。ロードムービーは単調になりがちですが、その単調な時間を観る人が共に過ごすことで、一緒に旅をしているように感じることが出来ます。

トムが歩く巡礼路には、「サンティアゴ・デ・コンポステーラの巡礼路」として世界遺産に登録されているパンプローナの街並みやレオン大聖堂、ロマネスク様式の素朴な石橋、ワイン用のブドウ畑や小麦畑の中の道、木立に覆われた山道など、美しい景色が多く登場するので「巡礼路を僕も歩きたい！」って思ってしまいます。しかし、実際にサンティアゴ・デ・コンポステーラの巡礼路を、毎日7〜8時間も歩いていると、足は痛いし疲れるし、ほとんどの時間は景色を楽しむというよりも自分の内面を見続ける時間になると思います。サンティアゴ・デ・コンポステーラへの巡礼は、歩き続けることが重要であって、サンティアゴ・デ・コンポステーラ大聖堂にたどり着き祝福を受けるのは、ご褒美くらいの意味しかないのかもしれませんね。贅沢なご褒美ですが。

サンティアゴ・デ・コンポステーラへの巡礼路が誕生したのは、イエスの十二使徒の1人である聖サンティアゴ（聖ヤコブ）の墓が、814年にこの地で発見されたことがきっかけでした。聖サンティアゴが、スペインのあるイベリア半島でキリストの教えを説いていたという伝説は古くから残されており、彼の「使徒の休む場所は、福音を説いた場所にあるべきである」という言葉どおり、イベリア半島でその墓が発見されたのです。イベリア半島の北西の端にあるこの地は、地球が丸いと人々がまだ確信をもてていなかった時代のヨーロッパの中心から見ると「地の果て」のようなイメージでした。そんな場所で見つかった偉大な聖人の墓は、キリスト教世界を沸かせるのに充分なインパクトがありました。

なぜなら、イベリア半島は711年にイスラム教のウマイヤ朝によって征服されていて、北のはずれのアストゥリアス王国がキリスト教勢力を盛り返そうと頑張っていた時期だからです。アストゥリアス王国のアルフォンソ2世は、聖ヤコブの墓の発見を大きなチャンスと考えました。彼は王都オビエドから最初の巡礼者としてサンティアゴ・デ・コンポステーラを訪れただけでなく、墓を守るように王国に忠誠を誓った人々を住まわせて街を作り上げました。アストゥリアス王国は、イベリア半島をイスラム教徒から取り戻すレコンキスタ（国土回復運動）の中心的存在でしたが、聖ヤコブの墓の発見によって、キリスト教世界で自国の地位を高めようとする思いも王にはありました。同じ頃、ゲルマン民族のフランク王国がカール大帝の下で西ヨーロッパのほとんどを支配しており、キリスト教カトリック教会も王国と結びついて勢力を広げていました。アストゥリアス王国もフランク王国に使者を送り、同じキリスト教カトリックの国としてつながりをもとうとしていたことが史料に残されています。

　サンティアゴ・デ・コンポステーラへ続く巡礼路は、こうした時代背景があったため、ルートがイベリア半島北部を東西に広がるアストゥリアス王国の領土と、ピレネー山脈を越えたフランス側のフランク王国の領土に作られていきました。王侯貴族や騎士、商人などの他、手に職をもつ様々な民間人が熱心に巡礼を行い、最盛期の12世紀には50万人もの人が巡礼路を行き交ったそうです。その道すがら、文化や情報の交流が行われました。

　世界遺産には、サンティアゴ・デ・コンポステーラ大聖堂のある旧市街と、スペイン側の巡礼路、フランス側の巡礼路が3つそれぞれ異なる世界遺産として登録されています。またフランス側には、別の世界遺産としても登録されている、モン・サン・ミシェルやヴェズレーなども含まれています。僕はキリスト教徒ではありませんが、いつかこの世界遺産が連なる異国の巡礼路を歩いてみたいと思います。たまには孤独を楽しむために。

サンティアゴ・デ・コンポステーラの巡礼路：カミノ・フランセスとスペイン北部の道

スペイン

[登録基準]②④⑥

ピレネー山脈からサンティアゴ・デ・コンポステーラへと続くスペイン北部の巡礼路。王侯貴族だけでなく民間人も通った文化交流の道として評価された。

おわりに

２０１５年11月、パリでＩＳ（イスラム国）の戦闘員によると考えられる同時多発テロ事件が起こりました。事件を知った時、怒りよりも悲しみよりも、脱力感というか吐き気すら覚えました。ＩＳのやったこと、やっていることは許しがたいですが、ＩＳを憎み討伐すれば解決するようなものではありません。なぜなら、被害を受けたフランスに同情し協働すればするほど、テロの背景や理由から遠ざかってしまうからです。

当時、東京タワーを始めとする世界中のランドマークがフランスのトリコロールカラーに彩られました。しかし、シリアやパレスチナ、イラク、トルコ、レバノン、アフガニスタンなどで多くの市民が命を落とした時に、世界中のランドマークは、彼らの国旗の色になったでしょうか？　僕達は、パリやニューヨークの時と同じように、殺人者に強い怒りを覚えたでしょうか？　ＩＳやテロの撲滅が困難な背景には、こうした欧米中心の価値観が世界を覆うことに対する強い反発があるのだと思います。有志連合が行うＩＳ掃討作戦が、ＩＳの戦闘員だけを殺害していると信じている、いや、むしろ誰を殺しているのかさえ関心がない多くの世界中の人々がテロを生んでいる一因なのでしょう。もちろん、僕もその中のひとりな訳です。世界遺産条約はこうしたテロなどに対してなんて無力なんだと、かつては思っていました。しかし今は、世界中の文化や自然の多様性を等しく尊重する世界遺産条約こそ、大きな力になると思っています。

近代以降の社会や生活様式の変化、現代のグローバルな社会状況の中で、世界の多様性は失われつつあるように感じます。伝統文化や伝統的な生活習慣の多くは失われて、いくつかの大きな流れの中に統合されていっているようにも。そこには、近代国家が成立していく過程で積極的に画一化が進められてきた側面もあると思います。

画一化された世界は楽だ、というのは確かなことなのでしょう。どこにいっても同じような街並みによく知っている商品が並び、どこでも同じ方法で買い物が出来る。どの神社やお寺に行っても同じように参拝すればよくて、街の人とも同じように挨拶をすれば問題がない。面白くはないですが、困難や苦労もない。そして経済性にも優れている。

海外でもそれは、程度の差こそあれ同じようなものです。以前、テレビCMで「英語が出来たら、世界中どこでも仕事が出来る」と言っているのを聞いて僕はぞっとしたのですが、英語や特定の文化がそれ程の力をもちつつあるのも現実です。そうした多様性が少なくなりつつある世界の流れに逆らっているのが世界遺産だと僕は思っています。

もちろん世界遺産になったために、固有の生態系が危機に陥ったり、観光客受け入れのため画一化されたシステムの中に既存の文化を入れざるを得ないことは、どの世界遺産でも起こり得ることです。その時にどれだけ強い気持ちで多様性を守りたいと思えるのか。

僕は世界遺産を訪れる皆さんにはぜひ、世界遺産で苦労をしてきて欲しいと思います。参拝の仕方がわからなくて恥をかいたり、言葉が通じず思い通りに行かなくてイライラしたり、食べ慣れないものを食べてお腹を壊したり……。便利さや楽さではなく、苦労や困難さの中に、世界遺産の存在意義である多様性はあると思うのです。そうして世界遺産を見れば、嘆くほど世界の多様性は失われていないと気がつくかもしれません。

最後に、僕のわがままを聞いて素敵なイラストを描いてくれた大切な友人の原瑠美さん、本書の企画、編集に根気強くご尽力頂いたイースト・プレス編集者の三浦由佳理さんに、心よりお礼申し上げます。

２０１９年４月１日

宮澤 光

参考文献

UNESCO, World Heritage Centre　http://whc.unesco.org/en/35/

Anders Levermann and Ben Marzeion 'Loss of cultural world heritage and currently inhabited places to sea-level rise', Environmental Research Letters, 2014

BBC, 'Twilight of the Taj'（2018年12月6日閲覧）
https://www.bbc.co.uk/news/resources/idt-sh/twilight_of_the_taj

Der Hohe Dom zu Köln（2018年12月10日閲覧）
https://www.koelner-dom.de/home/

Painting the Eiffel Tower（2018年12月1日閲覧）
https://www.toureiffel.paris/en/the-monument/painting-eiffel-tower

Save Tigris, 'World Heritage Watch Resolution On Water Infrastructure Threatening World Heritage'（2019年3月14日閲覧）
https://www.savethetigris.org/1261-2/

The Religion of ISLAM, 'CHAPTER 15, AL-HIJR (THE ROCKY TRACT)'（2019年3月1日閲覧）
https://www.islamreligion.com/

TOURISME JAPONAIS「モン・サン・ミッシェルの記憶が眠るノルマンディーの街アヴランシュを訪ねて」（2018年11月26日閲覧）
https://tourismejaponais.com/2017/09/15/avranches/

青木（岡部）まき「国境から溢れた内政混乱:タイの政治混乱と『2008年プレア・ヴィヒア寺院帰属問題』」海外研究員レポート、日本貿易振興機構アジア経済研究所、2008年

小澤実「ゴームの足跡を求めて ヒストリオグラフィと文字資料の中のゴーム老王」北欧史研究 第21号、2004年

小澤実「紀元千年期スカンディナヴィア史料論に向けて ―デンマーク・イェリング王朝の事例―」『西洋中世文書の史料論的研究　平成23年度研究成果年次報告書』岡崎敦編、2012年

オリンピア・ニリオ「修復の歴史と哲学　19・20世紀ヨーロッパにおける建築の修復」東京大学特別講演会、2013年

鎌田真弓「土地資源管理と先住民族:カカドゥ国立公園を事例として」IPSHU研究報告、2005年

田沢耕『物語　カタルーニャの歴史―知られざる地中海帝国の興亡』中公新書、2000年

ダライ・ラマ法王日本代表部事務所（2019年3月13日閲覧）
http://www.tibethouse.jp/

中岡義介・川西光子「ルシオ・コスタのブラジリアコンペ応募原案について」兵庫教育大学研究紀要 49号、2000年

羽貝正美「近代都市計画とパリ都市改造」総合都市研究 第58号、1996年

三浦恵子「ミャンマー、ピュー族の古代都市シュリー・クシェートラ:記憶、伝承、遺産と村落共同体」早稲田大学大学院文学研究科紀要 62号、2017年

水野一晴「ナミブ砂漠の自然環境と植生の変化」日緑工誌 第39(2)号、2013年

水野瑛己「報告書 ニュージーランドにおける地熱発電−日本への教訓−」自然エネルギー財団、2012年

見原礼子「危機遺産『エルサレム旧市街とその城壁群』の保全に向けたユネスコの役割」外務省調査月報 2010/No.2、2010年

モフセン・マフマルバフ『アフガニスタンの仏像は破壊されたのではない 恥辱のあまり崩れ落ちたのだ』武井みゆき、渡部良子 訳、現代企画室、2001年

山下明博「世界遺産をめぐる国境紛争:プレアビヒア寺院遺跡」安田女子大学紀要 39号、2011年

吉田正人『世界遺産を問い直す』ヤマケイ新書、2018年

連載コラム:伊東道生の『<頭>で飲むワイン』Vol.71 2017.05.09（2018年12月18日閲覧）
https://www.adv.gr.jp/columns/ito/vol71

掲載世界遺産MAP

※番号はP206-207の掲載世界遺産リストと対応しています。

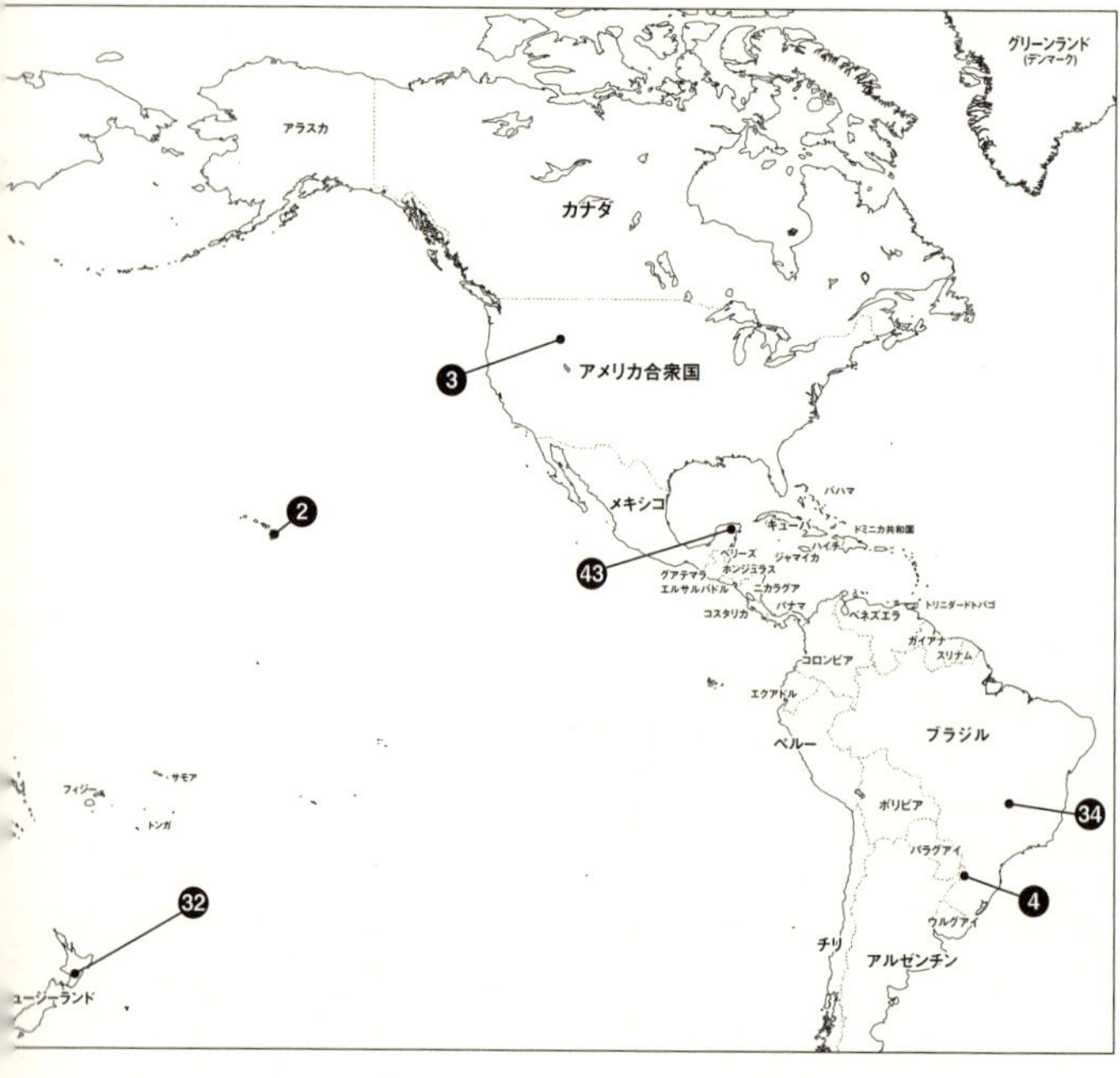

拡大図

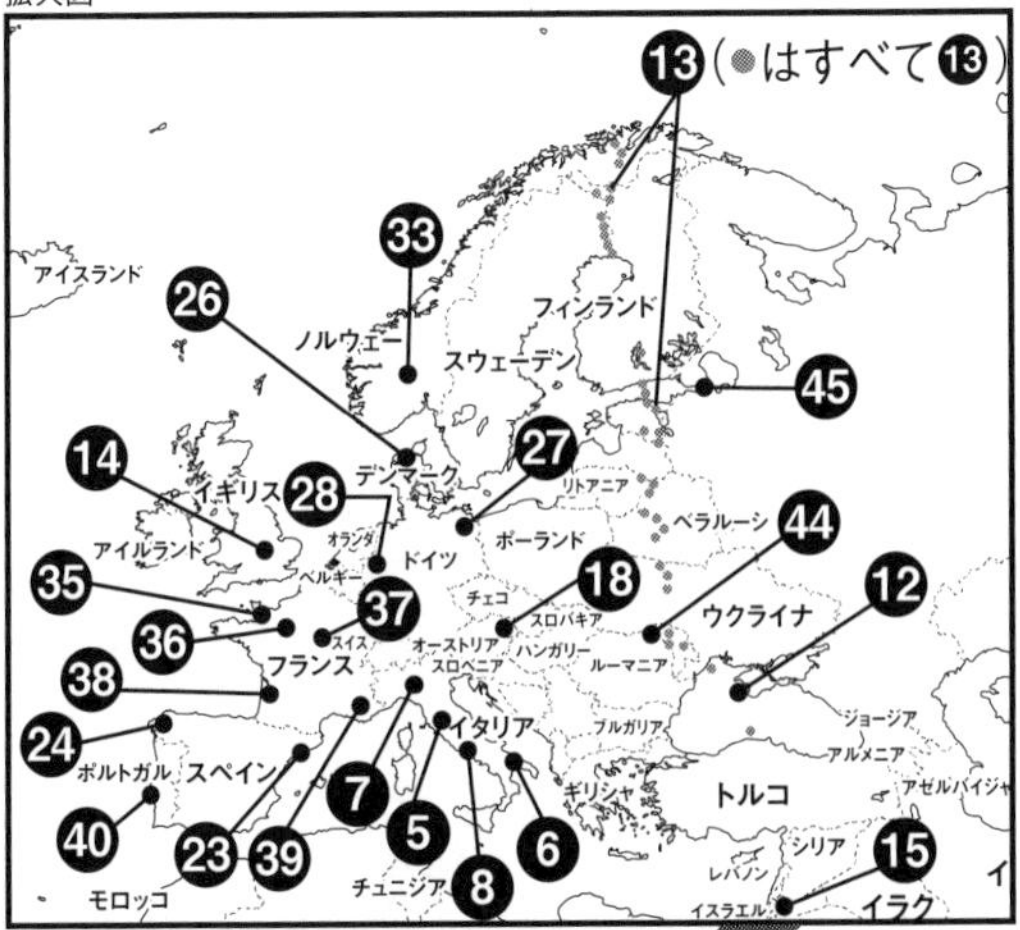

13（●はすべて13）
アイスランド
33
26
ノルウェー
フィンランド
スウェーデン
45
14
デンマーク
27
イギリス
28
リトアニア
ベラルーシ
44
アイルランド
オランダ
ドイツ
ポーランド
ベルギー
35
37
18
12
チェコ
スロバキア
ウクライナ
36
スイス
オーストリア
ハンガリー
ルーマニア
フランス
スロベニア
38
ジョージア
24
イタリア
ブルガリア
アルメニア
ポルトガル
スペイン
7
ギリシャ
トルコ
アゼルバイジャン
40
23
39
5
6
シリア
15
レバノン
チュニジア
8
モロッコ
イスラエル
イラク

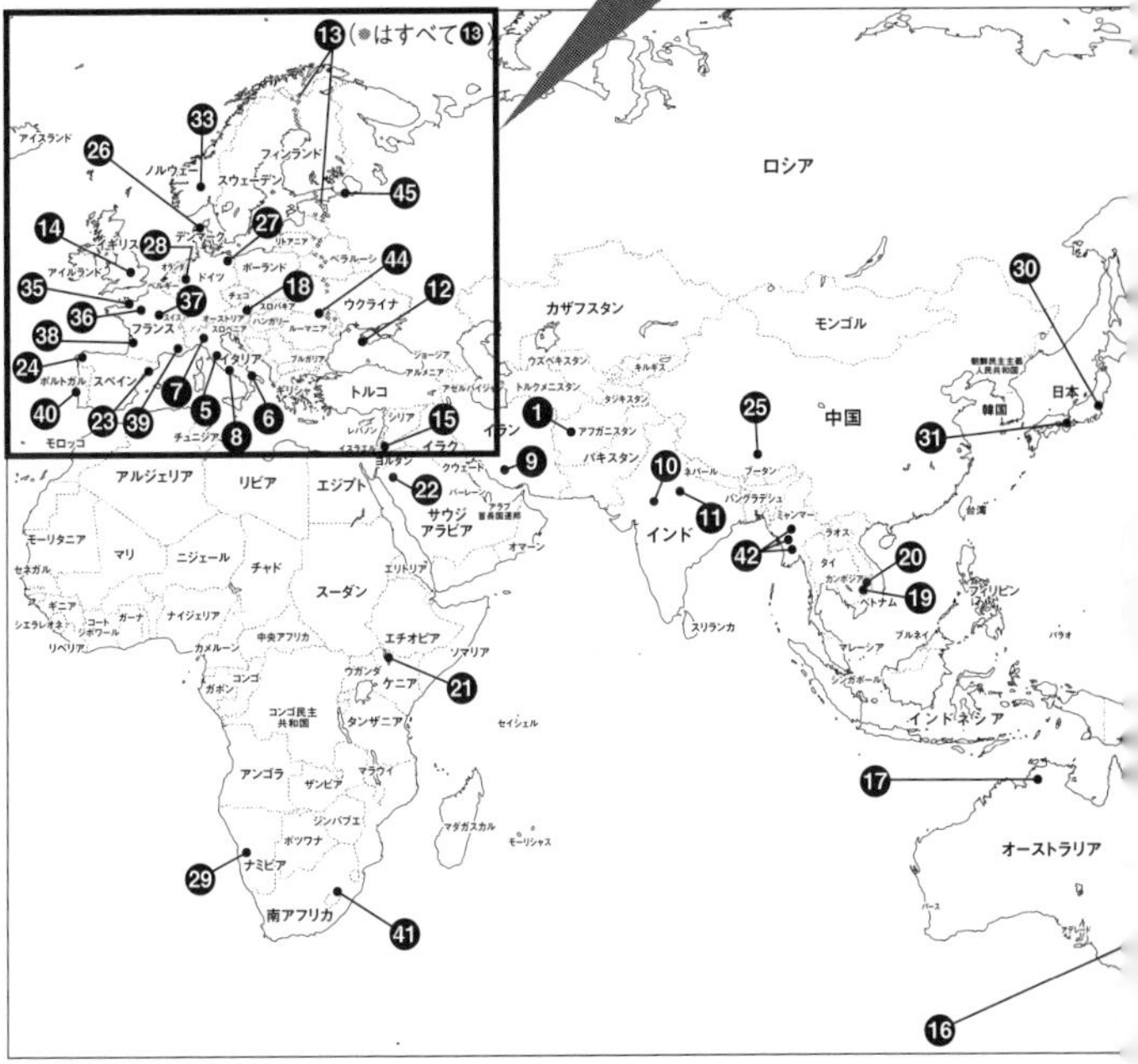

ロシア
カザフスタン
モンゴル
30
ウズベキスタン
キルギス
朝鮮民主主義人民共和国
トルクメニスタン
タジキスタン
日本
1
25
韓国
中国
イラン
アフガニスタン
31
パキスタン
9
クウェート
10
ネパール
ブータン
ヨルダン
アルジェリア
リビア
エジプト
22
バーレーン
バングラデシュ
サウジアラビア
11
アラブ首長国連邦
台湾
インド
ミャンマー
モーリタニア
オマーン
ラオス
マリ
ニジェール
42
20
タイ
セネガル
チャド
エリトリア
カンボジア
スーダン
19
ベトナム
フィリピン
ギニア
ナイジェリア
シエラレオネ
ガーナ
コートジボワール
スリランカ
中央アフリカ
エチオピア
パラオ
リベリア
カメルーン
ソマリア
ブルネイ
マレーシア
ウガンダ
21
ケニア
シンガポール
ガボン
コンゴ
コンゴ民主共和国
タンザニア
セイシェル
インドネシア
17
アンゴラ
マラウイ
ザンビア
ジンバブエ
マダガスカル
ボツワナ
モーリシャス
オーストラリア
29
ナミビア
パース
南アフリカ
41
16

掲載遺産リスト

イースト新書Q

Q060

世界遺産《せかいいさん》のひみつ

宮澤《みやざわ》 光《ひかる》

2019年7月20日　初版第1刷発行

イラストレーション　原 瑠美
編集　三浦由佳理
本文DTP　小林寛子
発行人　北畠夏影
発行所　株式会社イースト・プレス
東京都千代田区神田神保町2-4-7
久月神田ビル　〒101-0051
tel.03-5213-4700　fax.03-5213-4701
http://www.eastpress.co.jp/
ブックデザイン　福田和雄（FUKUDA DESIGN）
印刷所　中央精版印刷株式会社

©NPO法人 世界遺産アカデミー 2019,Printed in Japan
ISBN978-4-7816-8060-6

本書の全部または一部を無断で複写することは
著作権法上での例外を除き、禁じられています。
落丁・乱丁本は小社あてにお送りください。
送料小社負担にてお取り替えいたします。
定価はカバーに表示しています。